CECILIA K. FREEMAN

KLEINE SCHRITTE – GROSSE FREUDE

Reihe *LERNEN DURCH BEWEGUNG*

Paul E. Dennison: *Befreite Bahnen*

Paul E. Dennison, Gail E. Dennison: *Brain-Gym®*

Paul E. Dennison, Gail E. Dennison: *EK für Kinder*

Carla Hannaford: *Bewegung – das Tor zum Lernen*

Paul E. Dennison, Gail E. Dennison: *Brain-Gym®-Lehrerhandbuch*

Paul E. Dennison, Gail E. Dennison, Jerry V. Teplitz: *Brain-Gym® fürs Büro*

Christina Buchner: *Brain-Gym® & Co. – kinderleicht ans Kind gebracht*

Claudia Meyenburg (Hrsgin.): *Achter, X und über Kreuz*

Claudia Meyenburg (Hrsgin.): *Die Sache mit dem X*

Cecilia K. Freeman: *Kleine Schritte – große Freude*

Jochen Hering: *Lernen braucht Bewegung*

Brain-Gym® mit Maxi. Das Kartenspiel

Vision-Gym® (in Vorbereitung)

Cecilia K. Freeman

in Zusammenarbeit mit Gail E. Dennison

Kleine Schritte – große Freude

Brain-Gym® mit behinderten Kindern

VAK

VAK Verlags GmbH
Kirchzarten bei Freiburg

Titel der amerikanischen Originalausgabe:
I am the child. Using Brain-Gym® with children who have special needs

Erschienen bei: Edu-Kinesthetics, Inc., Ventura (Kalifornien)
ISBN 0-942143-1018

Die Deutsche Bibliothek – CIP-Einheitsaufnahme
Freeman, Cecilia K.:
Kleine Schritte – grosse Freude : Brain-Gym mit behinderten Kindern / Cecilia K. Freeman. In Zusammenarbeit mit Gail E. Dennison. – Kirchzarten bei Freiburg : VAK, 1999
Einheitssacht.: I am the child <dt.>
ISBN 3-932098-43-9

Zeichnungen: Gail E. Dennison
Übersetzung: Elisabeth Lippmann
Lektorat: Norbert Gehlen
Umschlag: Hugo Waschkowski
Druck: Clausen & Bosse, Leck
Printed in Germany
ISBN 3-932098-43-9

Inhalt

Hinweise des Verlags

Die in diesem Buch vorgestellten Übungen und Verfahrensweisen dienen dem pädagogischen Ziel, das Lernen zu erleichtern. Sie haben sich als sicher und effektiv bewährt. Wer sie anwendet, tut dies in eigener Verantwortung. Die Autorinnen und der Verlag beabsichtigen nicht, Diagnosen zu stellen oder Therapieempfehlungen zu geben.

Die Eltern der Schüler von Cecilia Freemans Klasse haben gerne zugestimmt, daß die Öffentlichkeit erfährt, welche Lernerfahrungen ihre Kinder mit Brain-Gym® machten. Auf Bitten der Eltern werden die richtigen Namen der Kinder genannt und ihre Fotos gezeigt. Bei anderen Personen wurden Namen und Details, die zur Identifizierung führen könnten, zum Schutz der Privatsphäre geändert.

Brain-Gym® ist in den USA von der Edu-K-Foundation und in Deutschland vom IAK Institut für Angewandte Kinesiologie GmbH, Freiburg, als Warenzeichen geschützt. Für Vision-Gym® ist der Schutz als Warenzeichen beantragt.

Widmung

Ich widme dieses Buch meinen Schülern, die mich lehren, wie ich meine Verpflichtung gegenüber dem Leben entdecken kann, indem sie mir Gelegenheit geben, meinen Geist zu erforschen. Und ich widme es den Eltern meiner Schüler, die mit der Einzigartigkeit ihrer Kinder wachsen lernen.

Zur Einstimmung: „Ich bin das Kind ..."

„Ich bin das Kind, das nicht sprechen kann. Oft hast du Mitleid mit mir, das sehe ich in deinen Augen. Du fragst dich, wieviel ich mitbekomme ... Ich sehe auch das. Ich nehme sehr viel wahr: ob du glücklich oder traurig oder ängstlich bist, geduldig oder ungeduldig, voller Liebe und beseelt von dem Wunsch, mir zu helfen, oder ob du einfach deine Pflicht an mir erfüllst. Ich wundere mich über deine Frustration, da ich weiß, daß meine weitaus größer ist, denn ich kann mich oder meine Bedürfnisse nicht so wie du zum Ausdruck bringen. Du kannst dir meine Isolation gar nicht vorstellen, so ungeheuer ist sie manchmal. Ich erfreue dich nicht durch ein kluges Gespräch oder schlaue Bemerkungen, über die man lachen oder die man wiederholen kann. Ich gebe dir keine Antwort auf deine alltäglichen Fragen, ich sage dir nicht, wie es mir geht, ich teile dir meine Bedürfnisse nicht mit, auch nicht meine Kommentare über die Welt um mich herum. Ich belohne dich nicht mit dem, was sonst üblich ist – große Entwicklungsschritte, die du dir selbst zuschreiben kannst. Ich schenke dir kein Verständnis, so wie du es kennst.

Was ich dir statt dessen gebe, ist sehr viel wertvoller. ... Ich verschaffe dir Gelegenheiten. Gelegenheiten, deinen Charakter auszuloten, nicht den meinen; Gelegenheiten, die Qualität deines Lebens, dein Engagement, deine Geduld, deine Fähigkeiten zu entdecken; die Gelegenheit, deinen Geist gründlicher zu erforschen, als du es je für möglich gehalten hast. Ich treibe dich stärker an, als du es je getan hättest, so daß du dich mehr bemühst und Antworten suchst auf deine vielen Fragen und Fragen stellst, auf die es keine Antworten gibt. Ich bin das Kind, das nicht sprechen kann.

Ich bin das Kind, das nicht gehen kann. Die Welt scheint sich manchmal an mir vorbei zu bewegen. Du siehst in meinen Augen das Verlangen, aus diesem Stuhl aufzustehen und wie andere Kinder zu laufen und zu spielen. So vieles hältst du für selbstverständlich. Ich möchte die Spielsachen aus dem Regal, ich muß zur Toilette – oh, ich habe schon wieder meine Gabel fallen gelassen. Auf diese Art bin ich von dir abhängig. Mein Geschenk an dich ist, daß ich dir dein großes Glück bewußtmache: deinen gesunden Rücken und deine gesunden

Beine, deine Fähigkeit, Dinge für dich zu tun. Manchmal scheinen Menschen mich nicht zu bemerken; ich bemerke sie immer. Ich empfinde nicht so sehr Neid als vielmehr ein Verlangen, das Verlangen aufzustehen, einen Fuß vor den anderen zu setzen, unabhängig zu sein. Ich schenke dir Bewußtheit. Ich bin das Kind, das nicht gehen kann.

Ich bin das Kind, das geistig behindert ist. Ich lerne nicht leicht, gemessen mit dem üblichen Maßstab. Was ich kenne, ist die unendliche Freude über einfache Dinge. Ich bin nicht so belastet wie du mit den Auseinandersetzungen und Konflikten eines komplizierteren Lebens. Mein Geschenk an dich ist, daß ich dir die Freiheit gewähre, die Dinge wie ein Kind zu genießen, daß ich dich lehre, wieviel es mir bedeutet, deine Arme um meinen Körper zu spüren, dich zu lieben. Mein Geschenk an dich ist die Einfachheit. Ich bin das Kind, das geistig behindert ist.

Ich bin das behinderte Kind. Ich bin dein Lehrer. Wenn du mir gestattest, lehre ich dich, was im Leben wirklich wichtig ist. Ich schenke dir und ich lehre dich bedingungslose Liebe. Ich beschenke dich mit meinem unschuldigen Vertrauen, meiner Abhängigkeit von dir. Ich lehre dich Achtung für andere und ihre Einzigartigkeit. Ich lehre dich die Heiligkeit des Lebens. Ich lehre dich, wie wertvoll das Leben ist, und lehre dich, Dinge nicht für selbstverständlich zu halten. Ich lehre dich, deine eigenen Bedürfnisse und Wünsche und Träume zu vergessen. Ich lehre dich geben. Und vor allem lehre ich dich Hoffnung und Glaube. Ich bin das behinderte Kind."

(Autor unbekannt. Nachdruck mit Genehmigung von *International Rett Syndrome Association Newsletter*, USA; Übersetzung für VAK: E. Lippmann)

Einführung

Wie ich Sonderschullehrerin wurde

Im Jahre 1995 pflegte ich alte Menschen, die noch zu Hause lebten. An einem Sonntag im August schlug ich die Zeitung auf, um in der Anzeigenspalte, in der Pflegekräfte gesucht wurden, nach möglichen Klienten Ausschau zu halten. Einfach so, aus einem gewissen Unternehmungsgeist heraus, überflog ich auch die Spalte mit Unterrichtsangeboten.

Ich hatte schon früher Sonderschüler unterrichtet, erst in Virginia und dann in New Hampshire. Meine Schüler waren als „lernbehindert" und „verhaltensgestört" eingestuft worden, ihre Lernprobleme waren jedoch relativ geringfügig. Und nun, nachdem ich elf Jahre lang andere Dinge gemacht hatte, dachte ich darüber nach, wie es wäre, in Kalifornien zu unterrichten. Ich las eine Anzeige „Klassenlehrerin für Ganztagssonderschule mit schwerbehinderten Schülern ..." und sagte mir: „Nun ja, … ‚Ganztagssonderschule', … was bedeutet das? ... Und ‚schwerbehindert'?" In meiner Vorstellung sah ich blinde, taube oder autistische Kinder, Kinder in Rollstühlen, mit körperlichen Behinderungen oder verhaltensgestört ...

Ich dachte zunächst, ich sollte lieber bei meiner bisherigen Arbeit als Pflegerin bleiben, aber bald zog es mich wieder zu jener Anzeige. Etwas an der Vorstellung, mit diesen besonderen Kindern zu arbeiten, berührte mich in meinem tiefsten Innern. Erfahrungen, die ich erst kurz zuvor mit einem körperorientierten Lernprogramm gemacht hatte, bekannt unter dem Namen Brain-Gym®, und die Wiederentdeckung meiner eigenen Freude am Lernen hatten in mir ein Gefühl für neue Möglichkeiten erweckt. Als ich die Anzeige zum dritten Mal las, wußte ich, daß ich die Stelle wollte, obwohl mir nicht recht klar war, was Ganztagssonderschule bedeutete.

Ich brachte meinen Lebenslauf auf den neuesten Stand, ließ mir meine Lehrbefugnis für Kalifornien bestätigen, bewarb mich um die Stelle, hatte ein Bewerbungsgespräch und begann zwei Tage nach diesem Gespräch mit der Arbeit.

Als ich an diesem Morgen zum ersten Mal in mein Klassenzimmer in der Sonderschule kam, war ich gleichzeitig aufgeregt und begeistert – und hatte keine Ahnung, wie sich mein tägliches Leben in diesem Raum gestalten würde. Ich dachte: „Da bin ich also wieder, ... als Lehrerin. Ist doch sehr erstaunlich, dieser Verlauf der Dinge. Ich hätte nie gedacht, daß ich wieder unterrichten würde."

Ich hatte elf Jahre zuvor den Unterricht an öffentlichen Schulen aufgegeben und dann nacheinander viele verschiedene Dinge gemacht. Ich hatte als Masseurin gearbeitet, hatte gelernt, Holzboote zu bauen, ich hatte eine eigene Schule für gefährdete Jugendliche eingerichtet und ihnen beigebracht, fünf Meter lange, hölzerne Segelboote zu bauen, hatte Yogaunterricht gegeben, als Hilfspflegerin gearbeitet und schließlich als Pflegerin Sterbebegleitung geleistet. Bei jeder neuen Erfahrung hatte ich wieder etwas mehr über meinen eigenen Lernprozeß entdeckt. Meine letzte Arbeit mit Kranken, Alten und Sterbenden hatte mich in meinem Innersten überzeugt, wie befriedigend es ist, wenn ich mich voll und ganz für die Bedürfnisse eines anderen Menschen einsetze. Jetzt hatte sich der Kreis geschlossen: Ich war Lehrerin und arbeitete wieder mit Kindern.

Als Schülerin hatte ich in der fünften Klasse eine großartige Lehrerin, Schwester Pauline Marie, die mich stark beeindruckte. Sie konnte begeistern und forderte ihre Schülerinnen immer wieder auf, ihren größten Herzenswunsch herauszufinden ..., ihren Träumen zu folgen ..., alles Nötige zu tun, um wahrhaft Mensch zu werden und anderen zu helfen. Schwester Pauline war lebendiges Beispiel für ihr Lieblingssprichwort: „Taten wirken stärker als Worte."

Ich wuchs in sogenannten zerrütteten Verhältnissen auf, mit meinem alkoholabhängigen Vater und sieben Brüdern und Schwestern. Wir wohnten zwar in einem gutbürgerlichen Viertel, hatten aber nicht viel Geld. Schwester Pauline forderte mich dazu auf, über die Umstände in meinem Elternhaus hinauszuschauen, und diese Anregung brachte mich auf meine lebenslange Reise nach innen.

Ich stellte alles in Frage. Ich wünschte mir, das Leben bestünde nicht aus so vielen Kämpfen: Ich überlegte, wie ich mich ändern könnte, um wie „die anderen" zu werden, und ich wunderte mich, warum mir das Leben so schwer vorkam, während die Menschen in meiner Umgebung das Leben zu genießen schienen oder es zumindest leichter hatten.

Mit siebzehn, in einer Phase, in der mich diese Fragen und die Suche nach einer Lebensaufgabe besonders beschäftigten, arbeitete ich im Sommer in einer Konservenfabrik. Dort traf ich John Mildrew, einen aufgeschlossenen Mann, der wie Schwester Pauline Marie eine ausgeprägte Lebensfreude ausstrahlte. Er war Lehrer für Mathematik und Physik an einer High-School und arbeitete im Sommer in der Fabrik. In unseren Gesprächen schenkte er mir etwas Wertvolles: den Glauben an mich selbst. Er ließ mich erkennen, daß jeder Tag neue Chancen bietet, und er trug durch unsere Gespräche dazu bei, daß sich meine Sicht der Welt veränderte. Durch John Mildrews nachhaltige Ermutigung kam auch mein Traum aus der fünften Klasse, Lehrerin zu werden, wieder zum Vorschein.

In den darauffolgenden zwei Jahren arbeitete ich als Sekretärin, um mir mein Studium am College zu finanzieren. Ich wollte den Samen, der von Schwester Pauline gepflanzt und von John Mildrew genährt worden war, heranreifen lassen. Ich fragte mich, ob es mir gelingen würde, alle meine Lebenserfahrungen – einschließlich der Herausforderungen – in den Unterricht einzubringen. Vielleicht konnte ich in der gleichen Weise auf Kinder einwirken, wie es meine beiden hingebungsvollen Lehrer getan hatten: mit Hoffnung, Liebe und Ermutigung. So absolvierte ich das entsprechende Studium und begann zu unterrichten.

Meine ersten fünf Jahre in Sonderschulen waren sehr befriedigend, hinterließen bei mir aber insgesamt ein Gefühl der Entmutigung. Ich hatte den Beruf des Lehrers zu sehr idealisiert und gedacht, ich könnte das Leben jedes Kindes genauso beeinflussen, wie meine Lehrerin dies in der fünften Klasse bei mir geschafft hatte. Nach diesen fünf Jahren gab ich das Unterrichten auf und verwandte meine Energie auf andere Dinge.

Inmitten der Fülle meiner beruflichen Erfahrungen war ich immer noch auf der Suche nach Glück und innerem Frieden. Deshalb zog ich mich von der Welt zurück, in eine kleine Zufluchtsstätte, *Gentle Wind*, in Kittery im Bundesstaat Maine. In der Zurückgezogenheit gelang es mir, mich selbst als die zu akzeptieren, die ich bin, und mit den persönlichen Ressourcen zu arbeiten, die mir zur Verfügung stehen. Es läßt sich kaum in Worte fassen, welchen „Quantensprung" an Bewußtheit ich damals machte.

Heute biete ich behinderten Kindern und Erwachsenen Raum (nicht einen wirklichen Raum, sondern eine Gelegenheit, die wir gemeinsam nutzen), damit jeder von uns wachsen kann. (Anmerkung der Übersetzerin: Die Autorin vermeidet meist den Begriff „behindert", sie spricht vielmehr von Menschen, die besonderen Herausforderungen – *challenges* – ausgesetzt sind. Sie möchte damit den positiven Aspekt, also die Chance zur Bewältigung betonen. Da sich dies sprachlich im Deutschen meist nur schwer umsetzen läßt und umständlich klingt und da der Begriff „behindert" bei uns allgemein anerkannt ist und nicht als diskriminierend gilt, wird er auch hier verwendet. Dabei sollte immer das Verständnis der Autorin mitschwingen: daß diese Menschen besondere Begabungen haben und uns damit herausfordern.) Dieser Raum läßt sich mit dem vergleichen, der mir in der Zuflucht von *Gentle Wind* geboten wurde. Es ist eine Art heiliger Raum, wo jeder in seinem Inneren forschen, in Frieden leben und schließlich zur Entdeckung des eigenen inneren Selbst gelangen kann, und das, obwohl er weiterhin in dieser stürmischen Welt lebt.

Ich habe die feste Absicht, in meinem Klassenzimmer alles zu tun, um diese Art freundlicher, offener Umgebung zu schaffen, in der jeder lernen kann, wie man lernt. *Brain-Gym®* bietet sich dazu als ideales Hilfsmittel an: Die Leistungen der Lernenden werden auf jeder Stufe respektiert, und körperliches Wohlbehagen und Leichtigkeit des Lernens werden als Voraussetzung für geistige Leistungen angesehen. Die einfachen Brain-Gym®-Übungen bieten mir auch die Möglichkeit, meine eigenen Ängste und Lernblockaden anzugehen. So kann ich vorleben, wie man die eigenen Fähigkeiten zum Ausdruck bringen kann, und hoffen, daß die Schüler, angeregt durch mein Beispiel, auch ihre Fähigkeiten entdecken.

Die 26 Brain-Gym®-Übungen, wie sie Paul und Gail Dennison in ihrem Buch *Brain-Gym®* beschreiben, sind kurze, amüsante, energieanregende Bewegungsübungen, die bestimmte Denkfertigkeiten und die Fähigkeit zur Koordination bei jedem Lernenden wirksam fördern. Sie sind Teil des umfassenden persönlichen Entwicklungsprogramms der Edu-Kinestetik (Edu-K), bei dem Bewegung als Tor zum Lernen genutzt wird. Mit Edu-K läßt sich meiner Erfahrung nach grundsätzlich jede Lernblockade angehen.

Die Möglichkeit, in einer öffentlichen Schule zu unterrichten, erscheint mir wie ein Geschenk, da ich zusammen mit meinen Schülern und deren Eltern die Chance habe, Lernerfahrungen zu machen. So wie ich durch das Vorbild anderer gelernt habe, will auch ich für meine Schüler ein gutes Vorbild sein. Ich habe in meinem Klassenzimmer einen fortwährenden Workshop geschaffen, in dem Kinder aufgefordert sind, zu wachsen und ihr persönliches Potential optimal zu entwickeln. Wenn ich die persönliche Entfaltung eines Kindes unterstützen will, um sein Potential bestmöglich zu erschließen, so mag dieses Ziel in einer Sonderschule scheinbar nur schwer erreichbar sein – aber es ist möglich. Es gelingt sehr viel leichter, wenn ich mich als diejenige akzeptieren kann, die ich bin, und wenn ich mir die Zeit nehme, darüber nachzudenken, wie ich Ressourcen sammeln kann, um meinen Beitrag zu leisten, damit die Kinder positive Veränderungen in ihrem Leben erfahren. Ich habe gelernt, wie wichtig Akzeptanz ist. Wenn ich die Menschen akzeptiere, wie sie sind, und die jeweilige Situation annehme, wie sie ist, kann ich Mitgefühl für mich und andere aufbringen. Dann kann ich mich auch für das Lernen begeistern und bin bereit, in den Prozeß einzusteigen – wie dieser auch aussehen mag. Erst dann kann ich wirklich offen sein für die vielen Lernerfahrungen, die mir meine Schüler und Schülerinnen anbieten.

Als ich mich daran wagte, Brain-Gym® bei meinen mehrfach behinderten Kindern anzuwenden, hatte ich die besondere Unterstützung meiner Kollegen aus der Edu-Kinestetik. An meiner Schule steht es jedem Lehrer frei, sich aus seiner „Trickkiste“ zu bedienen, um auf die individuellen Bedürfnisse seiner Schüler einzugehen, und so konnte ich mit meiner Klasse Brain-Gym®-Übungen machen. Da mehrfach behinderte Kinder oft sehr stark sensorisch motiviert sind, muß der Lehrer, der den Kindern helfen will, ihre eigenen Fähigkeiten zu entwickeln, besonderen Wert darauf legen, die Aktivierung der

Sinne (speziell Berührung und Bewegung) zu fördern. Ich erkannte bald, daß ich, wenn ich mit Brain-Gym® bei den vorhandenen Fähigkeiten des Kindes ansetzte, einen Ausgangspunkt gefunden hatte, um mit beliebigen Lerninhalten weiterzumachen, und trotzdem die einzigartigen Bedürfnisse des Kindes erfüllen konnte.

Zu Beginn meiner Tätigkeit mit diesen besonders geforderten Kindern entdeckte ich, daß es mir half, wenn ich meine Erfahrungen aufschrieb. So konnte ich all die neuen Anforderungen ordnen, und bald gelang es mir zu sortieren, was funktionierte und was nicht. So habe ich alle meine Erfahrungen der letzten zwei Jahre aufgeschrieben. Als ich meine Berichte einigen engen Freunden zu lesen gab, kam der Gedanke auf, daß meine Unterrichtserfahrungen als wertvoller Ratgeber für Eltern, Familienangehörige und Freunde solcher Kinder sowie für Lehrer dienen könnten. So begann ich meine Aufzeichnungen für dieses Buch zusammenzustellen.

Mit diesem Buch möchte ich Sie inspirieren. Die modifizierten Brain-Gym®-Übungen, die ich am häufigsten verwendete, habe ich im Anhang näher beschrieben. Dennoch biete ich hier keine Anleitung zu Brain-Gym®. (Diese finden Sie in den im Literaturverzeichnis angegebenen Büchern von Paul und Gail Dennison.) Das Buch erzählt die Geschichte von Kindern, die außerordentliche körperliche, geistige und emotionale Bedürfnisse haben. Den Rahmen bildet eine öffentliche Schule, in der Lehrer, Assistenzlehrer und Eltern versuchen, die Bedürfnisse der Kinder herauszufinden, um anschließend mit Hilfe von Brain-Gym® darauf einzugehen. Brain-Gym® hilft dabei, durch Bewegung das *Lernen mit dem ganzen Gehirn* anzuregen.

Kapitel 1

Eine sichere Lernumgebung schaffen

Am ersten Schultag wartete ich im Klassenzimmer gespannt auf meine neue Klasse und stellte auf einmal zu meiner Überraschung fest, daß ich Furcht verspürte, als meine elf Schülerinnen und Schüler nacheinander den Raum betraten. Ich wußte natürlich, daß diese Jungen und Mädchen im Alter zwischen sieben und dreizehn Jahren als schwer behindert eingestuft wurden, und mir war klar, daß die Herausforderungen ganz anders als die sein würden, die ich bisher in meiner Tätigkeit als Lehrerin vorgefunden hatte. Ich war vorher informiert worden, daß die einzelnen Kinder unter anderem an Taubheit, Blindheit, Autismus, zerebraler Schüttellähmung und am Angelman-Syndrom (Symptome: psychomotorische Retardierung, Schädel- und Gesichtsdysmorphien) litten und daß alle in ihrer Entwicklung zurückgeblieben waren. Und dennoch war ich überrascht angesichts meiner eigenen Reaktion.

Fünf Kinder saßen im Rollstuhl, und drei liefen ziellos durch den Raum. Das einzige Kind, das einigermaßen sprechen konnte, kauerte mit gebeugtem Kopf angstvoll an der Wand und murmelte: „Ich Angst haben." Meine erste Aufgabe bestand darin, bei sieben Kindern die Windeln zu erneuern, mit zweien zur Toilette zu gehen – und außerdem dafür zu sorgen, daß die Magensonden funktionierten. Hatte ich mich anfänglich darauf gefreut, mit diesen Kindern gemeinsam Entdeckungen zu machen, so schmolz dieses Gefühl jetzt dahin, und ich fragte mich ernsthaft, was um Himmels willen ich mit diesen Kindern machen sollte. Ich hatte seit elf Jahren keine Sonderschüler mehr unterrichtet und begann jetzt auf einer völlig anderen Ebene mit sehr viel umfassenderen Anforderungen. Ich hatte das Gefühl, ich stünde wieder ganz am Anfang.

An diesem ersten Tage lernte ich sehr viel: mit einem Kind zu sprechen, das keine Worte kennt; ein Kind zu begrüßen, das weder durch seinen Gesichtsausdruck noch durch Gesten reagiert; ein Kind zu beruhigen, das aus Angst vor einer neuen Situation oder vielleicht auch aus Unbehagen über das lange Sitzen im Rollstuhl einen Wutanfall bekommt; ein Kind zu trösten, das mit ängstlichem Blick in einer Ecke kauert; mit dem Verhalten eines Kindes umzugehen, das ohne Warnung kreischt; und schließlich die Körpersprache eines Kindes, das weder hören noch sehen kann, zu entziffern.

Neben der „logistischen" Aufgabe, die körperlichen Bedürfnisse eines jeden Kindes zu befriedigen, lernte ich noch einmal den Fachjargon der Sonderschule. Das war notwendig, um mit den anderen Lehrern zu besprechen, wie die verschiedenen umfassenden Bedürfnisse meiner Schüler am besten befriedigt werden könnten. Dazu kamen noch die mit meiner Aufgabe verbundenen Verwaltungsaufgaben: Ich lernte, für jeden Schüler ein Arbeits- und Entwicklungsprogramm auszuarbeiten und schriftlich zu dokumentieren, und wir planten Hausbesuche, die zu einer guten Kommunikation zwischen den Eltern der Schüler und den Lehrern beitragen sollten. Schließlich lernte ich auch, während des Schuljahrs die Fortschritte meiner einzelnen Schülerinnen und Schüler zu verfolgen und zu dokumentieren.

In den ersten anstrengenden Wochen galt meine Aufmerksamkeit natürlich vor allem den Kindern, aber ich mußte daneben lernen, die gleichaltrigen Tutoren (= „gesunde" Grundschüler) oder die erwachsenen Assistenten, die mir bei der Betreuung der Kinder halfen, zu unterstützen und anzuleiten. Ich „wurstelte" mich durch, ich stolperte auch mal und leistete das unter diesen Umständen Bestmögliche. Wenn am Abend alle gegangen waren, saß ich erschöpft da und dachte darüber nach, wie ich den Ablauf besser organisieren konnte, ich arbeitete den Stoffplan aus und legte den Unterrichtsplan für den nächsten Tag fest.

Ich war ständig auf den Beinen. Ich hatte keine Zeit, um mich hinzusetzen und zu überlegen, was wohl am besten für die Kinder wäre. Ich tat einfach das Nächstliegende und hoffte inständig, die Bedürfnisse des Augenblicks erfüllen zu können.

Der Kreis meiner Schüler

Wenn ich morgens mit meinen Kindern im Kreis saß und in ihre Gesichter schaute, überlegte ich immer wieder, was ich tun könnte, um als Lehrerin in dieser Klasse etwas zu bewirken. Diese Kinder konnten nicht laufen, nicht spielen oder sich ausdrücken, wie das die Gleichaltrigen aus der Grundschule konnten. Und doch wurde ich jeden Tag erneut daran erinnert, daß diese Kinder am dringendsten brauchten, was alle Kinder brauchen: spielerischen und liebevollen Austausch mit der Welt, damit sie sich selbst und ihre eigenen einzigartigen Möglichkeiten entdecken können.

Während ich ruhig vortrug, was ich für den Vormittag geplant hatte, blickte ich in ihre jungen Gesichter, in denen sich meine Erwartungen und eine Ahnung von einer noch nicht erforschten Welt widerspiegelten. Rudy besaß keine Sprache, war aber neugierig. Die lebhafte Ruthie in ihrem Rollstuhl war als einzige in der Lage, lesen und schreiben zu lernen. Aron erschien oft verloren in seiner fernen Welt des Schweigens. Youana lachte gerne und suchte mit ihrem Gesichtsausdruck und über ihre Körpersprache Kontakt, während Scott sich mit seinen kräftigen, unkontrollierten Lauten und Bewegungen bemerkbar machte. Casey besaß ein offenes Lächeln, das er wie einen Sonnenstrahl aus seinem Rollstuhl schickte. Dann war da Roni, deren dunkles Haar sich im Rhythmus der Lieder bewegte, die sie summte. Jacob saß ruhig für sich in seiner weit entfernten Welt. Christina war sehr wendig und machte manchmal derart auf sich aufmerksam, daß sie einschüchternd wirkte. Gaby war ruhig und zufrieden, eifrig bemüht mitzumachen. Im Lauf des Jahres würde noch Lindsey mit ihrer schnellen, blitzartigen Intelligenz dazukommen.

Dieser Kreis kleiner Menschen mit ihren teilweise unkontrollierbaren Körpern hatte sein eigenes typisches Muster von Geräuschen und Schweigen, von Kontakt und Distanz – seinen eigenen Rhythmus zufälliger Bewegungen. Die einzelnen Kinder im Kreis erhofften von mir – jedes auf seine Art – Sicherheit, Geborgenheit und Grenzen. Ich wollte lernen, auf ihre unausgesprochenen Bitten einzugehen.

Bei all diesen vielschichtigen Anforderungen und Erfahrungen mit meiner neuen Klasse kamen mir ständig neue Ideen, aber ich hatte keine Zeit nachzudenken, wie ich sie umsetzen könnte. Meine Begeisterung für die Kinder war noch immer ungebrochen. Trotzdem geschah es immer wieder, daß ich vor meinen Schülern stand und mich fragte, wie ich meine Rolle als Lehrerin erfüllen sollte. Ich dachte: „Ich beobachte zwar, was täglich so alles vor sich geht, aber ich muß mich immer wieder fragen, was ich nur mit diesen Kindern machen soll. Wie soll ich unterrichten? Wie erkenne ich, was sie bereits wissen, damit wir damit weiterarbeiten können?"

Sicherheit im ursprünglichen Sinn

Wenn ich anfangs die Kinder mit ihren intensiven Bedürfnissen betrachtete, schienen sie durch ihren deutlich spürbaren inneren Aufruhr den starken Wunsch nach mehr Sicherheit in ihrer schulischen Umgebung zum Ausdruck zu bringen. Ich wollte ihnen eine Sicherheit geben, die nicht mit der Sicherheit gleichzusetzen ist, die durch das Anlegen des Sicherheitsgurts im Auto erreicht wird. Diese Kinder brauchten die Sicherheit auf einer ursprünglichen Ebene: auf der Körperebene. Sie mußten sich sicher genug fühlen, daß sie entspannen und ruhig werden konnten, um damit Neugier auf den eigenen Körper und auf die umgebende Welt zu entwickeln. Ich konnte ihnen die Chancen bieten zu lernen, auf ihren Körper und ihren persönlichen Raum zu vertrauen. Ich konnte eine geistige, emotionale und physische Umwelt schaffen, die dazu beitrug, die speziellen Bedürfnisse eines jeden Kindes zu berücksichtigen und gleichzeitig ein Gefühl von Zusammenhalt innerhalb der Gruppe zu entwickeln.

Eine sichere Umgebung besteht für mich aus sechs Komponenten:

1. Den Kindern herausfinden helfen, wann sie sich körperlich so sicher fühlen, daß sie Gefühle, Empfindungen oder Gedanken wahrnehmen können – eine Voraussetzung für das Lernen.
2. Meine eigenen Grenzen und meinen persönlichen Raum schützen, während ich den Schülern helfe, ihre eigenen Grenzen und ihren persönlichen Raum erkennen zu lernen.
3. Diese Entwicklung unterstützen, indem Brain-Gym® und andere Bewegungsübungen entsprechend den sensorischen, emotionalen

und geistigen Bedürfnissen variiert werden, wobei der Spaß nicht zu kurz kommen darf.
4. Die Kinder dazu ermuntern, sich auf die eigenen Lernschritte einzulassen.
5. Für die Struktur und einen regelmäßigen Ablauf sorgen – sowohl individuell als auch in der Gruppe – und trotzdem für Spontaneität und Kreativität Raum lassen.
6. Sich Zeit nehmen, um Fortschritte zu feiern, nicht unmittelbar mit dem Lernen weitermachen.

Um dies zu verwirklichen, biete ich das Klassenzimmer als einen Raum an, der durch liebevolle Anerkennung geprägt ist. Dazu gehört das grundsätzliche Verständnis, daß jedes Kind seine Einschränkungen hat. Von diesem festgelegten Rahmen ausgehend kann ich beginnen, die unter der Einschränkung verborgenen Fähigkeiten zu entdecken. Damit gebe ich jedem Kind zu verstehen: „Ich sehe, was du nicht kannst. Laß uns jetzt gemeinsam entdecken, was du tun kannst!" Ich lasse ein Kind spüren, daß ich neugierig bin, es kennenzulernen, und daß ich verstehen möchte, wie es lernt. Dann kann auch bei dem betreffenden Jungen oder Mädchen die Neugier auf die eigenen Entwicklungsschritte geweckt werden. Diese Atmosphäre von Anerkennung aufrechtzuerhalten – und dazu gehört auch, den Prozeß des Kindes liebevoll zu beobachten – scheint die wichtigste Voraussetzung zu sein, damit das Kind lernt, seine eigene Art des Lernens zu akzeptieren.

1. Die Wahrnehmung für körperliche Sicherheit entwickeln

Ich bin immer bemüht, in der Klasse eine Atmosphäre zu schaffen, in der wir alle lernen können, wie man lernt, und deshalb frage ich mich andauernd, wie ich die Aufmerksamkeit jedes einzelnen Kindes gewinnen kann. Ich möchte die Kinder neugierig machen auf ihre eigene, einzigartige Welt – auch wenn dies eine Welt ist, die mit persönlichen Kämpfen erfüllt ist, in der man auf einen Rollstuhl angewiesen oder unfähig ist, die eigenen Muskeln zu steuern. Ich möchte allen Kindern helfen, sich selbst kennenzulernen und Trost und Erleichterung in ihrem Innern zu finden.

In den ersten Tagen mit meiner Klasse verwendete ich jeden Abend einige Minuten darauf, das Verhalten der Kinder zu imitieren. Soweit möglich wollte ich persönlich die Kämpfe der einzelnen Schüler nachvollziehen und herausfinden, was dazu beitragen konnte, daß sich die Schüler sicher fühlten. Also imitierte ich die besondere Gangart eines Schülers oder die Lautäußerungen und Sprechversuche eines anderen, oder ich versuchte, ununterbrochene, erregte, aber unwillkürliche Bewegungen nachzumachen. Ich versuchte sogar, so wie einige der Kinder den Speichel fließen zu lassen. Damit hoffte ich herauszufinden, wie die Kinder ihr Verhalten empfanden – wie sie es vielleicht in ihrem Körper spürten.

Dieses Imitieren bestimmter Verhaltensweisen verhalf mir zu wichtigen Erkenntnissen. Jetzt konnte ich mir vorstellen, wie es sein mußte, den ganzen Tag dazusitzen, Mund, Kinn und Lätzchen naß vom Speichel, den Kopf geneigt, während die Augen den Bewegungen eines anderen Menschen im Raum folgten. Ich fragte mich, ob einer der Jungen Bewegungen mit seinen Augen verfolgte, um visuell stimuliert zu werden, oder weil er etwas sagen wollte, es aber ohne Sprache nicht konnte. Fühlte er sich in seinem Körper eingesperrt? Ich empfand große Achtung, wenn ich die unerschütterliche Freude eines anderen Kindes sah, das mit spastischen Bewegungen nach einem Gegenstand griff, die Hand aber nicht ruhig halten konnte, um ihn auch wirklich zu fassen. Als ich dieses Verhalten imitierte, war meine Frustration immens.

Als ich auf diese Art die Bewegungsmuster meiner Schüler erfaßt hatte, konnte ich besser verstehen, welchen täglichen Herausforderungen sie ausgesetzt waren. Und da ich die Bewegungen in vielen Nuancen imitiert hatte, gelang es mir jetzt besser, auch sehr feine Veränderungen zu erkennen. Ich achtete auf eine längere Aufmerksamkeitsspanne, mehr Ausgeglichenheit im Bewegungsablauf, bessere visuelle oder motorische Koordination oder kleinste Verbesserungen in der Ausdrucksfähigkeit.

2. Grenzen respektieren – meine eigenen und die der Schüler

Eindeutige persönliche Grenzen, innerhalb derer der Erwachsene selbstverständlich zu seinen eigenen geistigen, sensorischen und emotionalen Bedürfnissen steht, brauchen auch die Kinder, damit sie ein Gefühl von Sicherheit und Kontrolle erwerben können.

Als ich die schwierigen ersten Tage zu bewältigen versuchte, forschte ich jedoch in meinem Innern verzweifelt nach diesem Gefühl von Ausgeglichenheit und Sicherheit. Die einzige Brain-Gym®-Übung, die mir dazu einfiel, waren die *Hook-ups.* Wann immer ich eine Atempause hatte, atmete ich tief durch, nahm diese Haltung zum Fördern des „Geerdetseins" ein und sagte ganz ruhig zu mir: „Ich schaffe es, ich will es schaffen, ich schaffe es." Doch die Ruhe hielt gerade lange genug an, daß ich mich der nächsten Aufgabe zuwenden konnte. In diesem Chaos fragte ich mich, wie wirksam Brain-Gym® wohl sei. Trotzdem machte ich weiterhin einige Brain-Gym®-Übungen, meist *Hook-ups,* denn schließlich waren die Anforderungen an mich enorm. Der Direktor der Schule fragte mich mehrmals mitfühlend: „Fühlen Sie sich überfordert?" Und jedes Mal sagte ich nein, obwohl ich zurückblickend offen sagen kann, daß ich so überfordert war, daß mir die Bedeutung des Wortes kaum bewußt war!

An jedem neuen Morgen kam ich ausgeruht ins Klassenzimmer, mit der festen Absicht, meine Aufgabe an diesem Tag wieder ein bißchen besser als am Vortag zu erledigen. Und ich schaffte es, die Umgebung weniger chaotisch und eher beruhigend als beunruhigend erscheinen zu lassen, voller Entdeckungen für jedes der Kinder. Am Abend jedoch hatte ich einfach das Gefühl, als sei ich außer Atem geraten. Ich dachte: „Oje, ich bin wieder einmal soweit." Und wie schon Jahre zuvor fragte ich mich, ob meine Bemühungen überhaupt von Bedeutung für das Leben der Kinder waren.

In meinem Innersten wußte ich, daß ich mich um diese Stelle beworben hatte, weil ich am Leben dieser ungewöhnlichen Kinder teilhaben und sie fördern wollte. Ich wollte für sie die Erwachsene sein, die ihnen sagte: „Macht das, was ihr könnt. Findet heraus, wer ihr sein könnt. Wachst ein Stück mit mir." Und so nahm ich bescheiden Hilfe an, von vielen hilfsbereiten Menschen und vor allem von Lehrerkollegen, die mir Strategien zur Bewältigung der täglichen Routine im Klassenzimmer vermittelten. Durch meine Unerfahrenheit herrschte im Klassenzimmer ein Gefühl der Zusammenhanglosigkeit. Als ich jedoch erkannte, daß ich *nie genug Zeit* haben würde, um all das zu tun, was ich tun mußte, entdeckte ich, daß ich mich bis zu einem gewissen Grad akzeptieren konnte. Durch diese Akzeptanz war es mir möglich, meine eigenen Einschränkungen klar zu erkennen. Ich konnte für mich sorgen, indem ich mir meine eigenen Bedürfnisse und Fähigkeiten vor Augen hielt und aus dieser Klarheit heraus Grenzen setzte.

Ich schuf mir weiterhin Ruhepausen im herrschenden Chaos im Klassenzimmer, indem ich *Hook-ups* machte, und allmählich wurde mir klar, daß ich eigentlich nur entspannen und mein Möglichstes tun mußte. Danach konzentrierte ich mich einfach darauf, Tag für Tag für die Kinder in jedem Augenblick präsent zu sein. Mein persönlicher Freiraum in diesem Chaos wurde größer, als ich auch an mich dachte. Ich verschaffte mir Ruhe, Stabilität, Stetigkeit und Grenzen – das Bewußtsein dafür, wann ich nein sagen oder andere um Hilfe bitten mußte. Da ich nun bereit war, in meinem unmittelbaren Erleben tatsächlich präsent zu sein, lernte ich die Verbindung zu jedem Kind herzustellen, und ich fand heraus, wie ich jedem einzelnen die Stabilität und Beständigkeit vermitteln konnte, die es brauchte.

Der Aufruhr, den ich vorher sowohl in mir als auch über die Gruppendynamik gespürt hatte, legte sich langsam. Zehn Wochen lang gewöhnte ich mich allmählich an die tägliche Routine. Obwohl ich das Gefühl hatte, daß ich sehr lange dazu brauchte, war ich mir bewußt, wie wichtig diese Zeit war, in der ich einen Raum schuf, in dem die Kinder sich sicher fühlen und ihre natürliche Neugier ausleben konnten. Schließlich wußte ich, daß *sie* sich sicher fühlten, weil *ich selbst* mich sicher fühlte.

Die Vorstellung, durch das Setzen von Grenzen einen sicheren Raum zu schaffen, entwickelte sich nach und nach, auch durch die Anregungen einiger anderer Menschen. Ein Beispiel dafür ist eine Geschichte von Sigrid und Debbie, mit der ich die ersten zwei Komponenten für Sicherheit anschaulich darstellen kann.

Sigrid ist meine Assistenzlehrerin und unterstützt mich sehr gut. Sie trägt sehr viel zur Ordnung und zu einer liebevollen Struktur in der

Klasse bei. Ihre Hilfskraft Debbie führt all das aus, was sie in den Jahren gelernt hat, als sie wegen ihres Down-Syndroms auch in einer Sonderschule unterrichtet wurde. Inzwischen erwachsen, ist sie jetzt als Helferin für Sigrid und andere beschäftigt. Wenn Debbie genaue Instruktionen und täglich Beratung, Ermutigung und Lob erhält, ist sie absolut kompetent und erfüllt freudig ihre Pflichten. Sie hat mir aber auch verraten, daß es für sie eine große Herausforderung bedeutet, flexibel auf die wechselnden Anforderungen unserer Schüler einzugehen, und daß es ihr manchmal schwerfällt zu unterscheiden, was zu ihren Aufgaben gehört, oder sich auf eine Änderung des Tagesplans einzustellen.

Debbie, eine Helferin meiner Assistentin Sigrid, hat in ihrer Arbeit das Gefühl persönlicher Erfüllung gefunden. (Hier arbeitet sie mit Roni.)

Eines Tages lernte Debbie von Sigrid, was sie tun konnte, um besser mit Christina, einer der Schülerinnen, arbeiten zu können. Christina, impulsiv und körperlich sehr kräftig, rennt oft aus dem Klassenzimmer in andere Räume oder sogar auf die Straße. Debbie ist sehr um Christinas Sicherheit besorgt, fühlte sich aber oft durch deren Auftreten und Verhalten eingeschüchtert. An jenem Tag hatten Sigrid und Debbie Christina zur Toilette gebracht. Während Christina auf der Toilette saß, stand Debbie etwa einen Meter vor ihr, mit geballten Fäusten, einem ängstlichen Gesichtsausdruck und Schweiß auf der Stirn. Sigrid ergriff die Gelegenheit, ihrer Helferin die Vorstellung vom persönlichen Raum anderer näherzubringen.

Sigrid legte den Arm um Debbies Schultern und fragte sie, wie sie sich fühlte. Debbie antwortete: „Mir geht es gut." Sigrid meinte daraufhin, es käme ihr so vor, als hätte Debbie ein wenig Angst. Debbie bestätigte das mit einem nervösen Lachen.

Sigrid bat deshalb Debbie, ein kleines Stück zurückzutreten und zu fühlen, ob sie einen Unterschied spüre. Debbie sagte, sie fühle sich besser, und Sigrid sagte: „Siehst du, Debbie, das ist *dein* Raum. Es ist in Ordnung, wenn du dir Raum schaffst, damit du dich sicher fühlst. Wenn du dich sicher fühlst, wird auch Christina sich sicher fühlen, und sie kann sich etwas entspannen."

Sigrid merkte, daß Debbie sich sofort entspannte. Damit Debbie dies selbst feststellen konnte, sollte sie noch einen Schritt zurücktreten und spüren, ob es ihr dann noch besser gehe. Debbie trat zurück, und Sigrid meinte, sie sehe, daß ihre Hände jetzt entspannter seien, daß sie tiefer atme und nicht mehr schwitze. Debbie seufzte, lächelte und sagte: „Vielen Dank, Sigrid. Es geht mir besser!"

Christina war inzwischen fertig und hatte sich die Hände gewaschen und abgetrocknet. Sie gingen gemeinsam in die Klasse zurück, wo Christina entspannt blieb und ruhig auswählte, was sie als nächstes machen wollte.

3. Vom gegenwärtigen Stand aus vorwärtsgehen

Um ein sicheres, stimulierendes und angenehmes Lernumfeld zu schaffen, hole ich das Mädchen oder den Jungen da ab, wo sie oder er in der geistigen, emotionalen und körperlichen Entwicklung gerade steht. Und ich lade sie ein, von da aus mit mir vorwärtszugehen. Dazu biete ich sensorische Übungen an, durch die das Gehirn wach gemacht wird, damit Lernen natürlich und freudig vor sich geht. Mit den Brain-Gym®-Übungen (Beschreibung siehe Anhang) werden Bewegungen ausgeführt, die Kleinkinder im Laufe ihrer Entwicklung von sich aus machen, vorausgesetzt ihre körperliche Entwicklung verläuft ohne Streß, Verletzungen oder Unterbrechungen. Diese einfachen Bewegungen helfen das sensorische System stimulieren, koordinieren Augen und Hände und aktivieren die Haltungs- und Kernmuskulatur (Muskeln im Körperzentrum), wodurch Lernen sozusagen von innen nach außen erfolgen kann. Wenn sich ein Kind in seinem eigenen Körper sicherer fühlt, wenn es sich beim Sitzen oder aufrechten Stehen sicherer fühlt, wenn es sich seiner Bewegungen sicherer ist und diese zusammenhängend erfolgen, dann kommt die Neugier auf seinen Körper und seine Umgebung ganz von selbst.

Wenn verschiedene Teile des Gehirns durch neue Bewegungen und sensorische Erfahrungen stimuliert werden, entspannt sich der Körper, das Kind wird besser koordiniert sein und so mit der Schwerkraft besser zurechtkommen, und oft bessert sich die innere Organisation. Vielleicht lernt das Kind, den Bezug zu seinen einfachen und primären inneren Körperdimensionen – oben und unten, hinten und vorne sowie rechts und links – herzustellen. Wenn es gelingt, visuelle, auditive, oder andere sensorische Informationen besser zu organisieren, kann ein Kind vielleicht Dinge lernen, die man ihm vorher nie zugetraut hätte.

Brain-Gym® ist keineswegs ein Allheilmittel. Es ist vielmehr ein einzigartiges Instrument, das ich während meines Unterrichts täglich nur einige Minuten anwende, um eine Umgebung zu schaffen, in der das Lernen damit beginnt, daß der Überlebensreflex abgeschaltet wird und ein Gefühl der Sicherheit im Körper entsteht. Lernen kann ein vergnüglicher Prozeß ohne Streß sein, bei dem kleine, oft winzige tägliche

Fortschritte zusammengenommen zu beträchtlichen Verbesserungen der Leistungsfähigkeit der Kinder führen können.

Wenn ich morgens in meine Klasse ging, sagte ich zu mir: „Brain-Gym® ist eindeutig eine gute Sache. Aber wie bringe ich diese Kinder dazu, sich zu bewegen und die Übungen tatsächlich zu machen?" Um diese gewaltige Aufgabe zu bewältigen, mußte ich die Arbeit mit meinen Schülern neu organisieren. Meine Intuition sagte mir, daß Brain-Gym® bei diesen Kindern einige unerwartete Fähigkeiten entfalten würde. Aber wie wollte ich die Übungen mit ihnen machen? Manche Kinder konnten nicht einmal ihre Hände hochhalten, geschweige denn ihren Körper bewegen.

Mehrfach behinderte Kinder zu unterrichten war Neuland für mich, und mir war klar, daß ich mit den einfachsten Brain-Gym®-Übungen beginnen mußte. Aber wie ließen sich diese für meine Schüler abändern? Wie sollte ich einem Kind bei einer Bewegung helfen, wenn es schon bei der geringsten Berührung schrie? Paul und Gail Dennison hatten Jahre damit verbracht, die Brain-Gym®-Bewegungen auszuarbeiten und immer wieder zu verbessern. Ich wollte in Erfahrung bringen, welches Ziel hinter jeder einzelnen Bewegung stand, damit ihr Sinn bei eventuellen Abwandlungen erhalten blieb und ihre Wirkung nicht beeinträchtigt wurde. Ich wollte erreichen, daß jeder meiner Schüler aus den Übungen den von ihm benötigten Nutzen zog.

Ich hatte die Dennisons sagen hören: „Wenn ein Kind eine Bewegung nicht selbst ausführen kann, dann führen Sie diese an seiner Stelle aus, es lernt dann durch Sie etwas über Koordination und Integration." Dennoch erschien mir diese Aufgabe gewaltig. Um herauszufinden, wie ich meinen Schülern bei Brain-Gym® helfen konnte, mußte ich mich täglich für längere Zeit neben jedes spastische oder verkrampfte Kind setzen oder stellen und nach entsprechenden Möglichkeiten suchen.

Darüber hinaus war mir nicht ganz klar, wie sich die Brain-Gym®-Übungen in Lernen umsetzen ließen. Ich hatte jedoch selbst Erfahrungen mit Brain-Gym® gemacht und einige wenige Male beobachtet, wie die Übungen bei normalen Kindern und Erwachsenen angewendet wurden, und ich hatte erkannt, daß Brain-Gym® neue Pfade für das Lernen schaffen kann. Es stand für mich außer Frage, daß es zu meinen Unterrichtsmethoden gehören sollte.

Dr. Paul Dennison (der Erfinder der Brain-Gym®-Übungen und Mitbegründer der *Educational Kinesiology Foundation*) hatte mir wiederholt gesagt, ich müßte zunächst den gegenwärtigen Zustand bestimmen, um dann weiterzugehen und so das bestmögliche Wachstum meiner Schüler zu fördern. Anders ausgedrückt bedeutet dies, die individuellen Herausforderungen der jeweiligen Schüler zu berücksichtigen und die speziellen sensomotorischen Bedürfnisse in Form von Entwicklungsschritten zu bestimmen.

Zu diesem Zweck vergegenwärtige ich mir das übliche Wachstum und die normale kindliche Entwicklung. Das hilft mir, für jedes meiner Kinder die ihm entsprechenden Aktivitäten zu finden. Wenn ich auf die Entwicklungsphasen des durchschnittlichen Kleinkinds zurückschaue, fallen mir Bewegungsmuster ein, die ich bei meinen Schülern beobachten kann. Informationen über Muskeltonus und Koordination sowie sensorisches Feedback bilden die Basis für meine Unterrichtsmethoden und -strategien.

Den gegenwärtigen Stand zu bestimmen und darauf aufzubauen heißt bei behinderten Kindern, daß man die kindlichen Muster, die „normalerweise" im ersten Lebensjahr auftauchen und die bei ihnen auch in höherem Alter noch vorherrschend sind, erkennt und akzeptiert und daß man ihnen individuell bei der Weiterentwicklung dieser Muster hilft. Wenn ich dazu beitragen kann, daß eines meiner Kinder sich so in sich zentriert fühlt wie ein zufriedenes, neugieriges Kleinkind, dann entsteht aus dieser Freude am Entdecken und Lernen ein positives Selbstgefühl. Das hatten mir bereits meine früheren schulischen Erfahrungen gezeigt.

4. Die Kinder zu eigenen Lernschritten animieren

Kinder haben beim Lernen unterschiedliche Bedürfnisse, und mir war klar, daß die Fähigkeiten und Fertigkeiten meiner elf Schüler sich sehr unterschieden. Wenn ich sie beobachtete und ihnen zuhörte, wollte ich mich besonders auf die Lernschritte konzentrieren, die darauf warteten, hervorgeholt zu werden. Ich betrachtete Scott, der so lebendig war und alles überaus intensiv betrieb, „überall und nirgends" war und deshalb Unruhe unter den anderen Schülern auslöste und den Ablauf des Unterrichts störte. Ich fragte mich: „Wie kann ich ihm helfen, seine eigene Energie unter Kontrolle zu bringen? Wie kann ich diesem Kind etwas über persönliche Grenzen beibringen?“

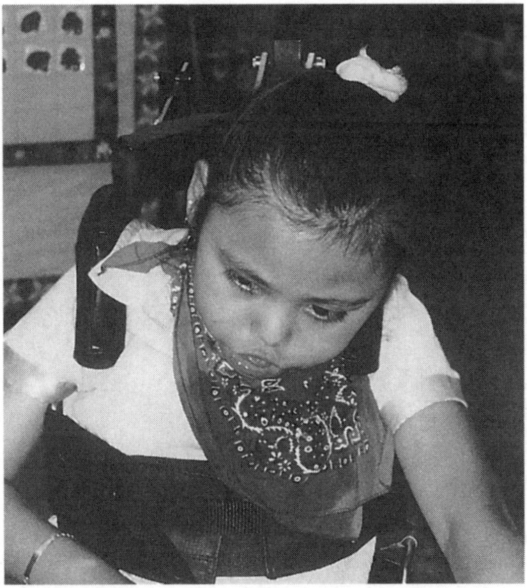

Gaby macht mit der Zunge herrlich trillernde Laute, wenn sie glücklich ist

Den Gegensatz dazu bildeten Gaby und Jacob, die ruhig jeder für sich in ihrem Bereich blieben, in dem sie sich wohl fühlten, und die keinen Versuch machten, mit der Außenwelt zu interagieren. Sie akzeptierten ihre Situation in einer Weise, daß sie nur wenig Motivation zeigten, wenn ich ihnen etwas Neues anbot. Gaby wartete passiv und überaus bereitwillig auf jede Art von Aufmerksamkeit. Wenn sie von ihrer Körpertherapie in die Klasse zurückkam, waren ihre Augen oft lebendig und munter, sie war dann aufmerksam und verfolgte interessiert die Aktivitäten ihrer Klassenkameraden. Jacob war am glücklichsten, wenn er in seinem Rollstuhl oder auf einer Matte am Boden sich selbst überlassen blieb. Er schien lieber in seiner schweigenden Welt bleiben zu wollen, als sich in das Geschehen im Klassenzimmer zu wagen. Ich fragte mich, welche Lernabenteuer ich Gaby und Jacob anbieten könnte, damit sie motiviert wären, mehr zu tun als das, was sie gegenwärtig taten.

Bei Casey war meine Aufgabe eine ganz andere. An Caseys Beispiel kann ich gut erklären, wie ich gelernt habe, für diese Kinder eine sichere Umgebung zu schaffen: indem ich sehr bewußt auf sie reagiere. Ich beobachte seine vielen eingefahrenen Bewegungsmuster und

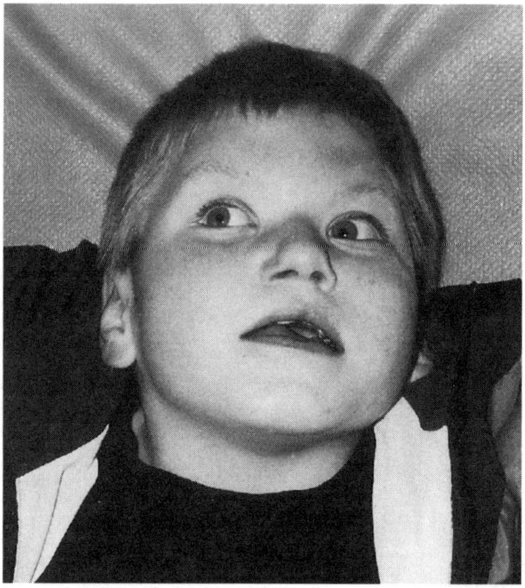

Als Jacob in die Klasse kam, galt er als blind. Seine großen Augen waren meist nach hinten in seinen Kopf gerollt, und man sah nie, daß er irgend etwas fokussierte.

Lautäußerungen, und ich habe gelernt, höchst aufmerksam zuzuhören, um besser entscheiden zu können, ob es sich nur um reflexhafte Gewohnheiten handelt oder ob Casey mir mitteilen will, daß er Schmerzen hat oder sich nicht wohl fühlt. So frage ich mich manchmal: „Ist sein langes, lautes Jammern ein Schrei um Hilfe oder nur ein sich dauernd wiederholender Laut, der eigentlich der Selbststimulation dient?“ Wenn ich Caseys Jammern als eine bloße gewohnheitsmäßige Reaktion erkenne, stimme ich in dieses Jammern ein und imitiere es spielerisch. Damit beginne ich so etwas wie eine Unterhaltung mit ihm, um die Qualität seiner Erfahrung zu verändern: von Isolation zu Neugier und Teilnahme. Wenn Caseys Gesichtsausdruck mir jedoch zeigt, daß sein Jammern eine Art Kommunikation ist, um ein körperliches Bedürfnis zum Ausdruck zu bringen, dann helfe ich ihm und richte ihn in seinem Stuhl auf oder kümmere mich sonstwie um ihn, bis er das Gefühl zu haben scheint, daß er gehört wurde, und schließlich zu jammern aufhört.

Wenn Casey in seinem Rollstuhl sitzt, hat er häufig die Hände und Arme verkrampft einwärts gegen die Brust gedreht. Zwischendurch sehe ich dann einen bestimmten Ausdruck auf seinem Gesicht. Da ich nicht ganz sicher bin, was er damit meint, stelle ich Fragen, die er vielleicht mit ja oder nein beantworten kann. Casey antwortet mit unterschiedlichen Lautäußerungen oder mit Grimassen, und ich antworte so, wie meiner Vorstellung nach eine Mutter auf ihr Kleinkind reagiert, das nicht sprechen kann. Casey schreit und ich versuche, seine Bedürfnisse zu befriedigen. Manchmal scheint er zu sagen: „Meine Arme und mein Körper sind verknotet, mein Rücken tut weh. Nimm mich bitte aus diesem Stuhl!“ Daraufhin trete ich neben ihn, öffne langsam seine kalten Arme und ziehe jeden Arm einzeln nach oben in die Länge, bis er voll ausgestreckt ist. Auf diese Weise macht Casey eine abgewandelte *Armaktivierung*. Durch diese einfache Brain-Gym®-Übung, die nur eine Minute in Anspruch nimmt, kommt fast immer Wärme und Flexibilität in seine Arme und Hände zurück und ein breites Lächeln auf sein Gesicht. Wenn ich Caseys Arme loslasse, drehen sie sich wieder nach innen, aber sie sind nicht mehr so verspannt, und seine Hände bleiben etwas weiter geöffnet.

Bei der Anwendung von Brain-Gym® bei behinderten Kindern habe ich gelernt, daß Geduld angesichts der scheinbar winzigen Fortschritte sehr wichtig ist. Und ich bin schon zufrieden, wenn ich sehe, daß Casey sich in seinem Körper wohl fühlt, wenn er weniger verkrampft ist und seine Hände etwas weiter öffnet. Gewöhnlich ist er dann aufmerksam und beteiligt sich eifrig an den gemeinsamen Aktivitäten. Tut er das nicht, akzeptiere ich das und frage ihn: „Du siehst noch nicht sehr glücklich aus, Casey. Möchtest du aus deinem Stuhl heraus?“ Wenn er dann über mein Angebot erleichtert ist, fasse ich dies wiederum als Kommunikation auf – dieses Mal als eine Bitte um mehr Bewegung. Ich lege ihn auf den Boden, damit er seinen Körper voll ausgestreckt erfahren kann. Er liegt dann auf dem Bauch, unter den Schultern eine Rolle, damit er sich auf seine Arme stützen und den Kopf hochhalten kann. In dieser Lage kann er sein Gewicht auf seinen Armen und Schultern spüren und außerdem beobachten, was im Klassenzimmer vor sich geht.

Während ich lerne, ein sicheres Lernumfeld zu schaffen, lerne ich mit den Kindern präsent zu sein und sie so zu akzeptieren, wie sie sind. Vielleicht werden sie nie wachsen oder sich verändern, aber ich kann Wege finden, damit ich meine Zeit mit ihnen genieße. Ich kann aufmerksam zuhören, so als seien sie Kleinkinder oder Kinder, die eine mir fremde Sprache sprechen, indem sie unbekannte Laute, Gesten,

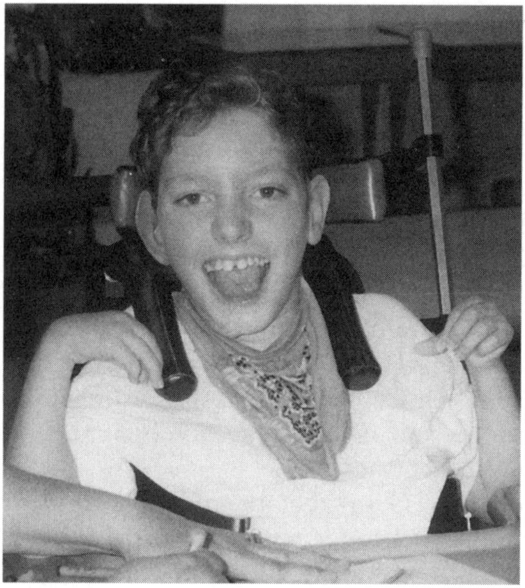

Nach einigen Minuten mit Brain-Gym® entspannen sich Caseys Arme, und seine Hände öffnen sich.

Körpersprache und Gesichtsausdruck zu Hilfe nehmen. Ich lerne ihre Sprache und frage in dieser Sprache nach ihren Bedürfnissen.

Und auf dem Weg über diese Bereitschaft, gemeinsam mit meinen Schülern in einen Prozeß einzusteigen, habe auch ich gelernt, auf meine eigenen Bedürfnisse zu achten. Auch ich selbst wende die Brain-Gym®-Übungen an. Damit unterstütze ich meinen eigenen Lernprozeß und mein Wohlbefinden, da meine Bewegungen entspannter und mehr automatisch werden. So kann ich meine eigenen Lernblockaden angehen, ich kann viele Fragen, die ich mir selbst stelle, klarer beantworten, und ich bewege mich zielstrebiger in Richtung eines einmal gesetzten Ziels.

Ich beginne morgens oft mit der Balance zum Fördern positiver Einstellungen, die aus zwei Brain-Gym®-Übungen besteht, durch die Spannung vermindert und Energie in die Stirnlappen gebracht wird: die *Hook-ups* und die *Positiven Punkte* (beschrieben auf Seite 185). Das verschafft mir einen Augenblick der Entspannung, ich achte auf meine Gefühle und setze mir Ziele für den Tag. Oft mache ich auch nachmittags nach der Schule eine Reihe Brain-Gym®-Übungen, um mich zu zentrieren und zu erden oder um mich auf etwas konzentrieren zu können, das ich noch vor dem Nachhausegehen entscheiden möchte.

5. Durch Struktur Sicherheit schaffen

Im Prozeß des Wachsens und Lernens sind Kinder ständig auf der Suche nach Deutungsmöglichkeiten, um ihre Erfahrungen zu strukturieren. Ein behindertes Kind hat meist nicht die innere, körperbezogene Struktur, um die herum Kinder üblicherweise äußere Informationen organisieren. Deshalb braucht es ein Umfeld im Klassenzimmer, in dem die Struktur klar, konsequent und offensichtlich ist. Struktur und Routine sind ein Weg, um räumliche und zeitliche Grenzen zu schaffen, so daß diese Kinder Geduld, Ordnung und innere Disziplin erfahren können. Auch wenn ein Kind diese vorhandene Struktur nur vage spürt, so entsteht doch daraus eine Freiheit zu wachsen und zu lernen, und daraus können bis zum Ende des Schuljahrs kleine Wunder entstehen.

Während der ersten Tage in meiner neuen Klasse fragte ich mich, wie lange ich wohl brauchen würde, bis es mir gelänge, Struktur und Ordnung zu schaffen und damit den Kindern ein Gefühl von Regelmäßigkeit und Beständigkeit zu vermitteln. Wie konnte ich für einen regelmäßigen Ablauf sorgen, zum Beispiel um für mich zu wissen, wann die Windeln erneuert und wann und wie welches Kind gefüttert werden mußte? Was sollte ich unterrichten, wie war das Klassenzimmer einzurichten und zu dekorieren, damit Sicherheit gewährleistet war und auch das Interesse angeregt wurde? Wie konnte ich durch die vielen Schichten von Bedürfnissen dieser Kinder gelangen? Ich wollte das Klassenzimmer zu einem vergnüglichen, einladenden Ort für meine Kinder machen, und ich war mir gleichzeitig der Gefahr bewußt, daß es zu viel Stimulation bieten könnte, für die Kinder, die zu Anfällen neigten, oder für diejenigen, die eine ruhigere Umgebung brauchten. Wie konnte ich die äußerst vielschichtigen Herausforderungen jedes einzelnen Kindes berücksichtigen und trotzdem die Gruppe als Ganzes im Auge behalten? Wie konnte ich ihnen ein angenehmes Gefühl der Zugehörigkeit vermitteln?

Ich vermutete, daß die Kinder meine fehlende Erfahrung spürten; es würde einige Zeit dauern, bis ich das von mir angestrebte Gefühl von Sicherheit, Stabilität und Beständigkeit im Klassenzimmer erreicht haben würde. In der einen Minute rannte ich hinter einem Kind her, das aus dem Zimmer gegangen war – einfach weil die Türe offen stand. In der nächsten Minute versuchte ich ein Mädchen im Rollstuhl zu unterrichten, als ein anderer Schüler ihr den Bleistift aus der Hand nahm und mit dem Ruf „Bleistift, Bleistift!" durch das Zimmer rannte.

Zu Beginn des Unterrichts sangen wir fröhlich, klatschten dazu und machten einige Bewegungsübungen, und dabei konnte es passieren, daß plötzlich ein Schüler ohne ersichtlichen Grund zu schreien begann. In der ersten Woche geschah es zwei- bis dreimal täglich, daß ein bestimmter Junge einen anderen fast erwürgte bei dem Versuch, ihn zu umarmen. Das Opfer ließ sich vor Überraschung fallen und lag willenlos wie eine Stoffpuppe am Boden. Als der Umarmende nach einigem Überreden nachgab, warf sich der Junge am Boden wild hin und her, biß sich in die Hände und gab schrille, wiehernde Laute von sich.

Während meiner ersten Tag lernte ich, die Kinder richtig in ihre eigenen Rollstühle zu setzen (jeder Rollstuhl ist anders). Ich lernte, welche Position die Kinder in den verschiedenen Apparaten einnehmen mußten, die dazu da waren, die Auswirkungen längeren Sitzens in der gleichen Stellung zu vermindern: die Seitenlagerung (um Muskelspannungen abzubauen), mit Bauchstütze (damit sie lernten, das eigene Gewicht zu tragen) oder auf der Bodenmatte auf dem Bauch (um die Unterarme und den Nacken zu stärken). Ich lernte, die Kinder regelmäßig zur Toilette zu führen, damit sich alle zehn Schüler wohl fühlten und trocken blieben. Ich lernte die einfachen Handgriffe, die nötig waren, um diejenigen Kinder zu füttern, die durch die Magensonde ernährt wurden, und ich verabreichte einem Schüler, der häufig Anfälle bekam, Medikamente. Meine Fertigkeit, diese Routinetätigkeiten zu organisieren, sorgte für die grundlegende Struktur, in der meine Schüler sich sicher genug fühlen konnten, um neugierig zu werden.

Schließlich wurde unser Tagesplan, der Füttern, Toilettengang, Bewegungspausen, Lesen, Spielen und anderes umfaßte, der wesentliche Faktor für die Struktur und das Gefühl der Sicherheit im Klassenzimmer. Der tägliche Stundenplan ist jetzt auf einem großen Brett vorne im Raum ausgestellt. Wichtige Tätigkeiten wie Kunst oder Werken, der Gang zur Toilette oder Selbstbeschäftigung werden durch entsprechende bildhafte Figuren auf Hafttafeln symbolisiert. Während des Tages gehen die Kinder zur Tafel und holen sich eine Karte mit der Figur, die ihre momentane Aufgabe darstellt. Die Karte bleibt bei ihnen, bis sie ihre Aufgabe fertig haben und sich dann eine neue holen. Eine derartige Struktur dient als weiteres Mittel, um Sicherheit und äußeren Halt zu bieten, und damit entsteht die Sicherheit, aus der heraus Spontaneität und Kreativität möglich werden.

6. Fortschritte feiern

Um schließlich die unendlichen Bemühungen der Kinder in meiner Klasse herauszustellen, feiere ich jeden kleinen Lernschritt. Meine Schülerinnen und Schüler geben sich sehr viel Mühe und erreichen, mit den üblichen Maßstäben betrachtet, nur sehr wenig. Ich weiß jedoch, daß ich ihnen ein wertvolles Geschenk mache, wenn ich, so wie es Eltern tun würden, auch die kleinsten Verbesserungen bezüglich Koordination, Ausdruckskraft, Bewegungsfluß oder Konzentration anerkenne. So mache ich das, was Eltern bei kleinen Kindern von sich aus tun: Ich feiere ihre Lernfortschritte.

Ich feiere den Fortschritt in Form einer Umarmung, manchmal bekommt das Kind auch einen Aufkleber oder etwas zum Naschen. Manchmal lobe ich ihn oder sie persönlich, manchmal feiern wir als Gruppe und sprechen über die besondere Leistung des jeweiligen Kindes oder heben diese im Rollenspiel hervor. Bei diesen Feiern lasse ich gerne die Schülertutoren aus der Grundschule (siehe Kapitel 4) teilnehmen, damit sie sehen können, wie ihr freiwilliger Einsatz Früchte trägt. Auch wenn behinderte Kinder ihre Umgebung anscheinend nicht wahrnehmen, scheinen sie die Gefühle der Anwesenden im Klassenzimmer zu absorbieren – so wie ein Kleinkind die Gefühle der Menschen in seiner Umgebung erfaßt. So wird durch die kleinen Feiern neues Lernen nicht nur anerkannt, sondern zusätzlich geankert.

Bereitschaft, im Prozeß zu bleiben

Ich bin zu der Überzeugung gelangt, daß mein eigenes Leben als Lernende nicht von meinem Leben im Klassenzimmer zu trennen ist. Die Berücksichtigung meiner eigenen Lebenserfahrungen kann nur von Vorteil sein, wenn ich mich bemühe, in der Klasse ein sicheres

Lernumfeld zu schaffen. Der Kreis von Kindern in meinem morgendlichen Unterricht kann mich etwas lehren, und ich kann ihnen als Yogalehrerin, als Brain-Gym®-Instruktorin und auch als Sonderschullehrerin ebenfalls etwas Wertvolles bieten. Da ich über den Zusammenhang zwischen körperlichen und geistigen Fähigkeiten Bescheid weiß, registriere ich mit meinem geschulten Auge Haltung und Bewegungsablauf der einzelnen Schüler. Als die Kinder zum ersten Mal zu mir kamen, fühlten sich viele sichtlich unwohl – ihre Sitzhaltung war steif und verkrampft, so daß Knochen, Muskeln und innere Organe unnötigen Belastungen ausgesetzt waren. Fehlende körperliche Bewegung und fehlende sensorische Stimulation waren zweifellos der Grund für ihren Mangel an Neugier, etwas über die Welt zu lernen.

Auch wenn ich über einige Erfahrung verfüge, frage ich mich nach wie vor: „Bin ich in der Lage, den Kindern die Brain-Gym®-Übungen und weitere sensorische und motorische Erfahrungen anzubieten, die sie wirklich brauchen? Was kann ich tun, um diese Erfahrungen mit dem Lehrplan zu verbinden, den ich zwingend erarbeiten muß? Glaube ich nach wie vor daran, daß einige wenige bewußt ausgeführte Bewegungen im Laufe der Zeit verstärkt Wirkung zeigen?"

Wenn ich in jenen ersten Tagen an die Kinder und ihre extremen Bedürfnisse dachte, fragte ich mich, wie ich den Tagesplan so einrichten könnte, daß ein Gefühl von Ausgeglichenheit und Sicherheit entstünde, sowohl bei mir als auch bei allen Kindern. Wie würde es mir gelingen, so langsam vorzugehen, daß ich auch die Atmung und die Körpersprache jedes Kindes verfolgen könnte? Was könnte ich tun, um jedem Kind maximale Aufmerksamkeit zu schenken?

Eigentlich wollte ich mich am liebsten die ganze Zeit nur einem Kind widmen – aber nicht etwa, weil ich ein bestimmtes Kind bevorzugte, sondern weil ich jedes einzelne so sehr mochte. Und langsames Vorgehen war sehr wichtig, damit ich präsent war und Sicherheit vermitteln konnte. Dennoch war mir klar, daß ich jeden Tag nur eine bestimmte Zeit zur Verfügung hatte und diese so einteilen mußte, daß jedes Kind davon profitierte, jedenfalls soweit es mir möglich war.

Die Suche nach Antworten auf diese und andere Fragen geht für mich weiter, so wie bei jedem Lehrer. Durch diese Suche ist mir klarer geworden, was das heißt: Bereitschaft, im Prozeß zu bleiben.

Kapitel 2

Meine Schüler, die gleichzeitig meine Lehrer sind

Zu Anfang des ersten Schuljahrs sah ich eines Morgens zu, als Aron von seiner Mutter Lauren in die Schule gebracht wurde. Ich fühlte unwillkürlich mit dieser Frau mit, als ich ihr Zögern und ihre Fürsorge spürte. Ich empfand Trauer. Ich wußte, daß Lauren in Arons ersten sieben Lebensjahren alles versucht hatte, damit er laufen, sprechen und selbständig essen lernen würde. Und nun überließ sie hier ihren Sohn einer anderen, fremden Person und hoffte, daß diese ihren Sohn liebevoll unterrichtete. Ich wollte das Vertrauen dieser Mutter verdienen.

Ich wünschte mir für Aron, daß er in die Lage käme, zu seiner Mutter „Ich liebe dich" zu sagen und sie zu umarmen, und ihr seine Vorstellungen durch Worte zu vermitteln. Und plötzlich hatte ich eine Art „Aha"-Erkenntnis: Diese Gefühle von Trauer waren meine eigenen, und Lauren hegte in diesem Augenblick ganz andere Gefühle. Als ich Monate später mit Lauren darüber sprach, meinte sie, daß sie zunächst sehr traurig gewesen war, als ihr Sohn geboren wurde, dieses Gefühl aber mit der Zeit überwunden hatte. Sie war so weit, daß sie seine Fähigkeiten schätzte und ihr Leben ohne Selbstmitleid bewältigte.

Ich weiß noch heute, daß ich sehr viel Achtung vor dieser Mutter hatte, die bereit ist, ihr Kind so zu akzeptieren, wie es ist, während sie ihm hilft, glücklich zu werden. Lauren hatte erkannt, daß Aron einfach spezielle Bedürfnisse hat, andere Bedürfnisse, als Kinder sie üblicherweise haben. In jenem Augenblick halfen mir Laurens offene Worte, einen Gedanken, der neuerdings immer wieder zitiert wird, wirklich zu verstehen: „Behinderte Kinder sind auch Menschen, Menschen, die das Bedürfnis und den Wunsch haben, geachtet und genährt zu werden und am Leben teilzuhaben."

Mit diesem neuen Verständnis war ich um so mehr entschlossen, für alle Schüler meiner Klasse eine sichere Umgebung zu schaffen, einen Ort, an dem die Einzigartigkeit jedes Schülers anerkannt wird. Ich begann mich besonders um die unterschiedlichen Bedürfnisse der Kinder zu kümmern. Heute kann ich befriedigt zurückschauen und mich an das Vergnügen und die Mühen erinnern, die ich mit den Kindern geteilt habe.

Lassen Sie mich jetzt einige meiner Schüler einzeln vorstellen und berichten, welche Fortschritte sie während unserer gemeinsamen Zeit gemacht haben. Einige haben in den ein oder zwei Jahren in meiner Klasse ein kleines Wunder vollbracht. Ich bin überzeugt, daß die Brain-Gym®-Übungen und andere Techniken zur sensorischen Integration sehr viel zu den beachtlichen und oft nicht erwarteten Fortschritten beigetragen haben.

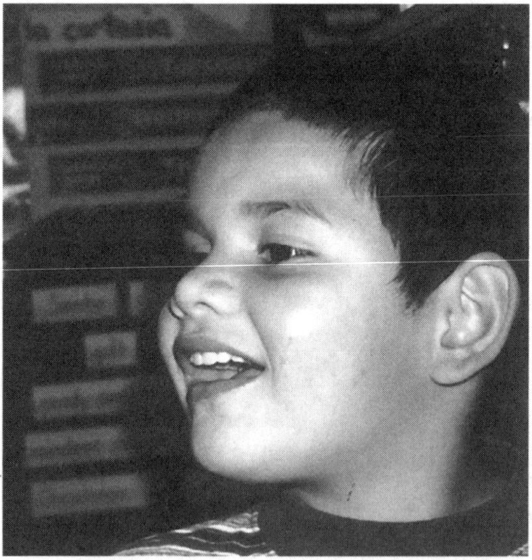

Rudy bewegt sich sehr gerne, besonders zu Musik, und sein Vergnügen daran zeigt er mit einem strahlenden Lächeln.

Rudy

Der dunkelhaarige Rudy kam als Achtjähriger in meine Klasse. Er blickte mit seinen braunen Augen fragend um sich, er liebte Musik und hatte die Angewohnheit, alle Gegenstände mit Mund und Zähnen zu untersuchen. Rudy ist gehfähig, kann aber nicht sprechen. Aufgrund einer leichten zerebralen Lähmung ist er in seiner Entwicklung zurückgeblieben, hat aber großen Spaß daran, immer wieder durch das Klassenzimmer zu laufen. Er geht breitbeinig und unsicher, hat aber einen unstillbaren Bewegungsdrang.

Während er in meiner Klasse war, lernte Rudy, die Stufen des Schulbusses zu bewältigen, so daß er nicht mehr im Rollstuhl zur Schule gebracht werden muß. Aber auch nach zwei Jahren muß er noch mit der Hand berührt und mit Worten aufgefordert werden, damit er ein- oder aussteigt. Vielleicht ist er eines Tages in der Lage, sein Denken mit seinen Körperbewegungen zu verbinden, um die hohen Stufen von sich aus zu erklimmen.

Mit neun Jahren begriff Rudy einfache Aufforderungen, wenn sie nur aus einem Wort bestanden und mit einer Geste verbunden waren. Hat er etwas verstanden, zeigt sich das an seinem Gesichtsausdruck; er ist dann auch bereit, unter Anleitung des Lehrers etwas zu tun. Da es ihm an Koordination fehlt, braucht Rudy jedoch für gewöhnlich aktive Hilfestellung, wenn er etwas tun soll, wozu die Hand-Auge-Koordination Voraussetzung ist.

Rudy hat einen Lernschritt gemacht, über den ich sehr froh bin. Er hat gelernt, Ursache und Wirkung zu verbinden, eine Fähigkeit, die sich normalerweise im Alter von zwei bis drei Jahren entwickelt. Rudy zeigt jetzt mit zehn Jahren, daß er versteht: „Wenn ich dies tue, geschieht das." Ich hatte Tränen in den Augen, als Rudy zum ersten Mal auf den Einschaltknopf (einen großen, roten Knopf) drückte und dann überglücklich zusah, wie eine Rakete über den Computerbildschirm raste. Den Zusammenhang zwischen Ursache und Wirkung erkennen zu können ist eine wichtige Voraussetzung für weiteres Lernen. Damit läßt sich die Beziehung zur realen Welt herstellen, und vielleicht kann Rudy so eines Tages etwas selbständiger werden.

Ruthie

Als ich Ruthie kennenlernte, war sie zehn Jahre alt, ein geselliges Mädchen, das sprechen konnte und sich mit seinem Rollstuhl sehr geschickt durch das Klassenzimmer und die ganze Schule bewegte. Ihre verzögerte Entwicklung ist auf eine Spina bifida und die Lähmung von der Taille abwärts zurückzuführen. Ruthie kann eine einfache Unter-

Ruthie hört aufmerksam zu, wenn ich vom anderen Ende des Raums Anweisungen gebe.

haltung führen und hört gerne den Gesprächen anderer Menschen zu. Als sie in meine Klasse kam, konnte sie bereits einiges: Sie zählte bis dreißig und schrieb mit etwas Hilfe die Zahlen auf, und sie konnte fünf Wörter lesen: Stop, geh, Ausgang, ein, aus. Sie ließ sich gerne etwas vorlesen, übte eifrig schreiben und stach gerne Formen aus Salzteig aus.

Das ganze Jahr über in meiner Klasse blieb Ruthie bei ihrer Körperpflege von anderen abhängig. Sie konnte selbständig essen und stellte einfache Fragen: „Hallo, wie geht's? Wie heißt du?" Sie beteiligte sich bereitwillig an gemeinsamen Aktivitäten und wollte immer wieder ihren Namen schreiben üben. Mit einem Lächeln paßte sie gut auf die anderen Schüler auf und war gern bereit, sie zu trösten. Wenn Jacob schrie, fragte sie immer wieder: „Warum Jacob schreien? Ich helfe. Warum schreien?"

Im ersten Jahr war Ruthie meine einzige Schülerin, die einen Stift halten konnte. Ihr individueller Entwicklungsplan vom September sah vor, daß sie bis Ende des Jahres sechs Wörter erkennen sollte; zu diesem Zeitpunkt konnte sie jedoch nicht nur 25 Wörter lesen, sie schrieb auch ihren Namen deutlich lesbar. Ihre Mutter berichtet, daß Ruthie ihr jetzt beim Kochen hilft und auf ihre Weise auch beim Tischdecken und Abwaschen.

Youana

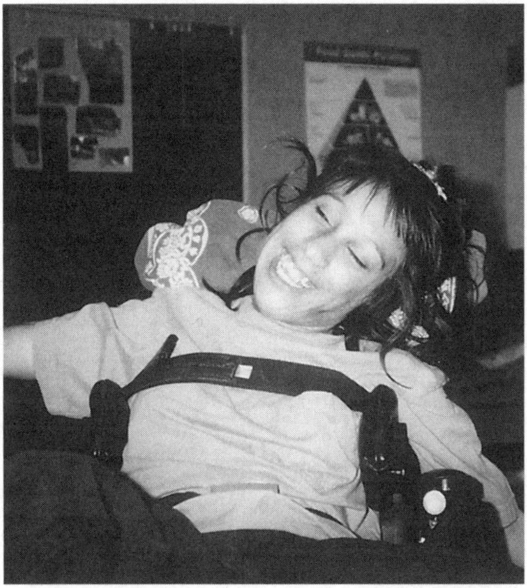

Youana reagiert so überglücklich auf einen Gruß, daß es so aussieht, als würde sie aus ihrem Stuhl springen, wenn da nicht der Sitzgurt wäre.

Die nun dreizehnjährige Youana, ein Mädchen mit langen Haaren, leidet an einer zerebralen Lähmung. Sie verbringt ihre Zeit im Rollstuhl, sie kann einzelne Laute von sich geben, aber keine Wörter artikulieren. Für ihre Körperpflege und das Essen ist sie ganz von anderen abhängig. Sie versteht jedoch einfache Anweisungen, und sie kann eine Wahl treffen: Sie zeigt das mit ihren Augen oder ihrem Gesichtsausdruck (breites Lächeln, schmale Lippen oder gerunzelte Augenbrauen) oder manchmal sogar durch einen Händedruck. Youana fällt es sehr schwer, die Kontrolle über ihren Körper zu behalten; fast ununterbrochen bewegt sie unkontrolliert den Kopf, die Arme und die Beine. Und dennoch strahlt sie sehr viel Freude aus.

Bald wußte ich, daß Youana am liebsten im Kreis ihrer Familie und Freunde ist. Wenn man mit ihr spricht, springt sie vor Aufregung fast aus dem Rollstuhl, wären da nicht die Gurte, mit denen sie angeschnallt ist. Sie freut sich außerordentlich, wenn sich jemand mit ihr unterhält, und sie genießt es, wenn man sie motorisch durch eine Aufgabe führt. (Da es ihr an Koordination und Körpergefühl mangelt, werden die notwendigen Körperbewegungen von einer anderen Person gesteuert.)

Am liebsten steht Youana aufrecht in einer Stehhilfe und läßt sich beim Malen, Schreiben oder Zeichnen die Arme von zwei Schülertutoren führen. Sie wählt gerne ihr eigenes Programm, entweder Musik, Computer oder eine Geschichte, indem sie große, bunte Knöpfe mit der Hand bedient. Über einen Knopf kann sie sich auch spielerisch mit ihren Tutoren unterhalten. Sie stellen bestimmte Fragen, und Youana „antwortet" mit Knopfdruck, worauf eine vorher aufgezeichnete Botschaft abgespielt wird.

So kann sie mit Hilfe des Rekorders zum Beispiel sagen: „Ich heiße Youana, ich bin ein Mädchen." Oder auch: „Heute ist Montag, ich gehe jetzt zum Essen."

Youana freut sich sehr, daß sie jetzt den ganzen Tag in der Schule verbringen kann. Sie verständigt sich weiterhin mit den Augen und über ihren Gesichtsausdruck, und sie versteht mittlerweile einfache Sätze sowohl in Spanisch wie auch in Englisch. Sie muß nach wie vor gewindelt und gefüttert werden, aber sie kann jetzt zum Musik- und Kunstunterricht in die Grundschule gehen, was ihr sehr viel Spaß macht.

Scott ist gerne im Freien, und am liebsten schaukelt er.

Scott

Zu Anfang meiner beiden Unterrichtsjahre war Scott zehn Jahre alt, ein reizender Junge, der gerne umarmt oder gekitzelt werden wollte. Seine kurzen, weichen Haare luden geradezu zum Streicheln ein, und da er ein starkes Bedürfnis nach taktiler Stimulation hatte, wollte er oft umarmt werden.

Scott kam jeden Morgen mit einem Freudenschrei in die Schule. Er begrüßte mich, und seine leuchtend blauen Augen richteten sich mit einem peripheren Blick auf mich. Sein Verhalten war gekennzeichnet durch Wiederholungshandlungen, Hyperaktivität und Beharrlichkeit. Er war als autistisch diagnostiziert worden, aber er zeigte eine größere Bereitschaft zu Interaktionen als bei autistischen Kindern üblich. Scotts Gangart war unbeholfen, da er sein Knie oft ruckartig nach hinten zog, ehe er zum nächsten Schritt ansetzte. Sein aktiver Wortschatz umfaßte vielleicht sieben Wörter. Er hielt sich mit Vorliebe im Freien auf und schaukelte gerne; außerdem legte er gerne große Puzzles am Fußboden.

Scott war selten bereit, etwas zu beenden, was er gerade tat. Es fiel ihm außerordentlich schwer, zu einer anderen Aufgabe überzugehen. Das Herz tat mir weh, wenn sich sein inneres Chaos plötzlich und aufs Geratewohl in einem markerschütternden Schrei entlud. Immer wenn Scott kreischte, machte ich bei mir die *Balanceknöpfe* und die *Raumknöpfe,* damit ich zentriert und geerdet blieb.

Zunächst paßte Scotts Verhalten, mit dem er alle in Atem hielt, einfach nicht zu der Freude, die in seinem Innern vorhanden war. Zu Anfang des Schuljahrs bekam er täglich mehrere Wutanfälle und konnte sich nicht mehr beruhigen. Ohne jeden Grund rannte er aus dem Klassenzimmer, den Flur entlang oder auf den Spielplatz und in den Schulhof der Grundschule nebenan. Aber seine flehenden Bitten nach Umarmungen und seine Lebensfreude, die in ruhigen Momenten hervorkam, ließen mein Herz schmelzen und zauberten ein Lächeln auf mein Gesicht.

Im ersten Schulhalbjahr lernte Scott sich selbst zu beruhigen, so daß er keine Wutausbrüche mehr hatte. Nach einem Jahr in meiner Klasse konnte Scott in eine andere Klasse gehen, wo er sich gewisse schulische Grundkenntnisse aneignen konnte.

Roni

Die siebenjährige Roni war durch eine leichte zerebrale Lähmung in ihrer Entwicklung stark zurückgeblieben. Während des ersten Jahres in meiner Klasse war sie äußerst schreckhaft. Wenn sie einmal stand, mußte sie zu jeder Bewegung aufgefordert werden. Sie neigte dann den Kopf, blickte mich schüchtern an und wollte zum Spielen eingeladen

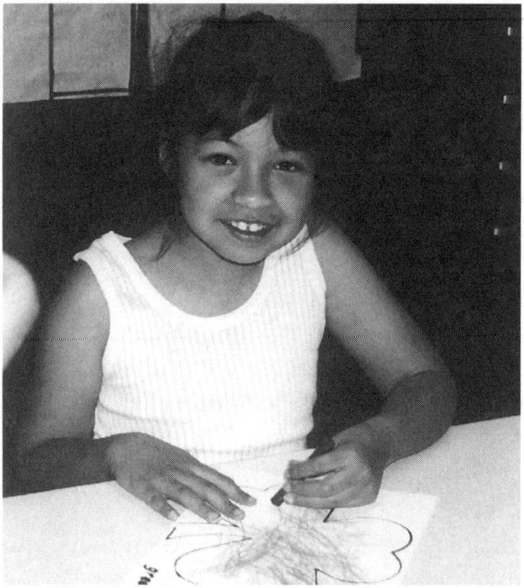

Ronis Lächeln zeigt ihren Stolz über ihre neue Fertigkeit: Sie kann einen Kreidestift halten.

werden. Roni mag gerne Musik, insbesondere Musik mit einem stark ausgeprägten Rhythmus. Beim Schaukeln singt sie und läßt ihr langes schwarzes Haar im Wind fliegen.

Als ich Roni kennenlernte, konnte sie sechs oder sieben Wörter sprechen. Ihre Artikulation war undeutlich, und wenn man mit ihr sprach, antwortete sie sehr langsam, aber sie imitierte gerne, was andere um sie herum sagten oder taten. Nach einem Jahr bei mir konnte sie bereits spontan etwas sagen und andere nachmachen. Bei größeren Anstrengungen, zum Beispiel wenn sie lernt, Dreirad zu fahren, schiebt sie noch immer die Zunge heraus. Sie nutzt weiterhin die Musik, um neue Dinge zu verstehen, sie hat keine Angst mehr vor dem Regen und geht jeden Tag für zwei Unterrichtsstunden in eine dritte Klasse. Da Roni inzwischen in der Lage ist, einen Stift oder Kreide zu halten, kann sie sich besser auf Aktivitäten wie Malen, Schreiben und ähnliches konzentrieren.

Casey

Casey, ein hübscher Zehnjähriger, ist wegen seiner mehrfachen Behinderungen auf einen Rollstuhl angewiesen. Seine Diagnose lautet auf zerebrale Lähmung, körperliche Rigidität, intellektuelle Minderfunktion und schwere Rückgratverkrümmung. Er kann sich nicht aus eigener

Kraft bewegen. Manchmal blickt er mich an, als wollte er sagen: „Ich bin das Kind, das dich bedingungslose Liebe lehrt."

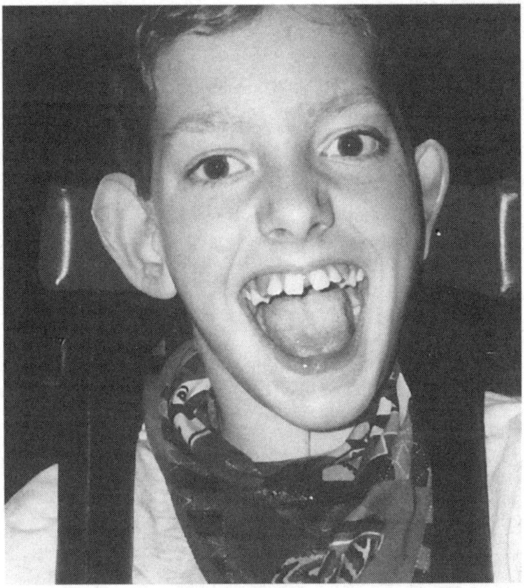

Casey zeigt sein Vergnügen durch ein breites Lachen und laute, kehlige Freudentöne.

Da Caseys Schluckreflex nicht funktioniert, wird er über eine Magensonde ernährt. Sein Speichel rinnt ständig, und er kann seinen Kopf nicht selbst aufrecht halten. Bevor wir eine geeignete Sitzgelegenheit für ihn hatten, legte er seinen Kopf meist auf einer Schulter ab. Da der Speichel dauernd fließt, ist sein Halstuch immer naß, und die Schülertutoren fühlen sich davon abgestoßen.

Das Sehen ist bei Casey der stärkste Sinn. Das läßt sich an der Freude ablesen, mit der er Videos anschaut, ein Mobile über seinem Kopf in Bewegung setzt oder gespannt auf den Computerbildschirm schaut, wenn man ihm bei der Bedienung hilft. Casey bringt keine Wörter zustande, äußert aber mit einzelnen Lauten seine Freude oder seinen Ärger. Er schreit laut, wenn er aus seinem Spezialrollstuhl heraus will (in dem er zwar korrekt aufrecht gehalten wird, aber nicht bequem sitzt). Wenn andere ihm ihre Aufmerksamkeit schenken, zeigt er seine Freude durch ein breites Lachen und laute Freudentöne.

Seine großen, blauen Augen starren jetzt nicht mehr so oft in die Ferne. Nach wie vor bringt er sein Mißvergnügen zum Ausdruck, wenn ihm die Zeit im Rollstuhl zu lang erscheint. Und seine Freude, wenn jemand ihm vorsingt oder wenn Gleichaltrige sich trauen, mit ihm zu arbeiten, äußert sich in einem langen, lauten, spontanen Geheul.

Aron

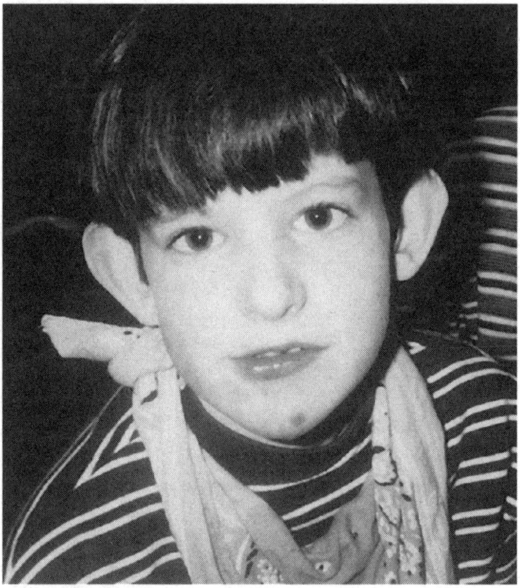

Aron schaut jetzt erfreut hoch, wenn ich seinen Namen rufe.

Aron ist ein glücklicher, lieber Junge mit grünen Augen und sanftem Charakter. Er spricht zwar einzelne Wörter, wird aber meist nicht verstanden. Wenn er etwas braucht, kommt er zu mir gelaufen, starrt mich an und wartet, daß ich entscheide, ob er hungrig ist oder einfach nur liebevolle Aufmerksamkeit möchte. Aron leidet am Angelman-Syndrom, einer neurologischen Erkrankung. (Vgl. Seite 16)

Als Aron in meine Klasse kam, schien er völlig abwesend zu sein. Jetzt zeigt er häufiger den Drang nach Kontakt, den Wunsch, seine stille Welt, die er bis dahin nur für sich hatte, mit anderen zu teilen. Auch wenn er sich gut selbst unterhalten kann, freut er sich, wenn sich Erwachsene um ihn kümmern. Arons dunkles, glattes Haar ist ständig in Bewegung und meist ungleichmäßig geschnitten, da er (nach Aussage seiner Mutter) beim Haareschneiden nie stillhalten kann. Zeitweise läuft der Speichel bei ihm sehr stark, außerdem muß er gefüttert und zur Toilette gebracht werden.

Aron, mittlerweile neun Jahre, kann jetzt peripheren Augenkontakt aufnehmen, und wenn er gerufen wird, kommt er bei drei von fünf Mal. Fordere ich ihn auf, zu mir zu kommen, und strecke ihm dabei meine Hand entgegen, so ergreift er sie. Er merkt jetzt gelegentlich selbst, daß er zur Toilette muß, und er nimmt die Menschen in seiner Umgebung besser wahr. Im ersten Jahr in meiner Klasse wollte Aron nur alleine spielen, aber jetzt arbeitet er gerne mit den Schülertutoren und interessiert sich auch für das, was die anderen Schüler tun.

Jacob

Als Jacob in meine Klasse kam, galt er als taub, blind und schwachsinnig. Als ich ihn kennenlernte, knurrte er bei jeder Berührung unwillig. Er wollte nicht gestört werden, sondern lieber für sich alleine am Daumen nuckeln. Er trug Windeln, konnte sich nur im Rollstuhl fortbewegen und wurde über eine Magensonde ernährt. Er war nicht in der Lage, über sein visuelles Mittelfeld hinweg einen Lichtstrahl zu verfolgen, und hatte noch nie auf seinen eigenen Füßen gestanden. Er konnte die Arme nicht heben und keine Wörter sprechen, aber er grunzte und stöhnte, wenn er Verdauungsprobleme hatte.

Im zweiten Jahr in meiner Klasse zeigten Jacobs tägliche Sehübungen allmählich Wirkung. Er trägt jetzt eine Brille und kann fokussieren.

Jacob hat eine zerebrale Lähmung und ist in seiner Entwicklung so weit zurück, daß er oft wie ein kleiner, alter Mann aussieht. Seine Verdauung funktioniert nicht richtig, so daß er mehrmals täglich deswegen behandelt werden muß. Er ist klein für sein Alter und stämmig, und er kann seinen Fuß reflexhaft nach oben kicken, entweder um Verdauungsgase loszuwerden oder einfach um sich zu bewegen. Jacob gehört zu den zufriedenen, anspruchslosen Kindern meiner Klasse.

Mit zehn Jahren rollte sich Jacob wie ein Ball zusammen und vermittelte mir mit Knurrlauten die Botschaft: „Laß mich in Ruhe!" Danach zeigte er allmählich etwas Entgegenkommen, wenn ich seinen kurzgeschorenen, blonden Kopf streicheln wollte. Mit elf Jahren kann Jacob jetzt 35 Minuten in einer Stützvorrichtung stehen, er läßt sich auf den Bauch legen und stützt sich dabei fünf Minuten mit seinen Armen auf, und mittlerweile läßt er sich sogar berühren. Mit der Zeit reagierte Jacob auf die Augenfolgeübungen aus der Edukinestetik, die ich mit ihm machte, damit er lernte, beide Augen zusammen zu benutzen. Seine neue Brille schien er zunächst gar nicht zu registrieren, aber nach einiger Zeit merkte ich doch, daß seine Augen einem Gegenstand, der durch sein visuelles Mittelfeld bewegt wurde, leichter folgen konnten. Jacob gilt immer noch als taub, aber er reagiert häufiger auf Stimmen und wendet seinen Blick in die Richtung, aus der die Laute kommen. Seine Brille hilft ihm, Menschen oder Gegenstände, die sich vor ihm befinden, besser wahrzunehmen. Jacob bleibt nach wie vor gerne allein für sich, und diesen „Raum" gestehe ich ihm zu. Durch seine Wärme und Freundlichkeit macht er es mir leicht, seine Gegenwart mit ihm zu teilen.

Lindsey

Die zehnjährige Lindsey, ein blondes Mädchen mit blauen Augen, war erst kurz, bevor sie in unsere Klasse kam, wieder aus dem Koma erwacht. Durch eine Störung im Gehirn (ähnlich einem Schlaganfall bei älteren Menschen) war dieses kluge, kleine Mädchen jetzt blind, und ein Großteil der übrigen Sinneswahrnehmungen war in ihrer Funktion gestört. Lindsey war äußerst wütend, daß sie nicht sprechen und sich

Lindsey hatte einen Gehirnschaden erlitten, der zu einer umfassenden Funktionsstörung geführt hatte. Zum Zeitpunkt dieser Aufnahme stellte sich langsam ihr Körpergefühl wieder ein.

auch sonst nicht so ausdrücken konnte wie vor ihrem Koma. Und sie war andererseits wild entschlossen, alle ihre früheren Fähigkeiten zurückzugewinnen.

Wenn ich mir Lindsey so betrachtete, war mir bewußt, wie umfangreich ihr latentes Potential war, und mir war klar, wie wichtig es war, genau festzustellen, was sie für ihre Entwicklung am nötigsten brauchte. Erst dann konnte ich mir sensomotorische Übungen für sie überlegen. Mit etwas Hilfe konnte sie selbst essen und zur Toilette gehen, aber sie mußte wie ein Kleinkind wieder lernen, ihre Hände zu gebrauchen, zu sprechen, das Essen auf ihrem Teller zu finden oder mit Freunden zu spielen.

Durch Brain-Gym® und Wahrnehmungsübungen kehrten ihre visuellen und andere Wahrnehmungsfähigkeiten teilweise wieder. Sie lernte, besser mit ihrer Wut zurechtzukommen und besser Kontakt zu anderen herzustellen. Nach einem Jahr in meiner Klasse war Lindsey in der Lage, in die Grundschule überzuwechseln. Ihre Mutter macht weiterhin Brain-Gym®-Übungen mit ihr.

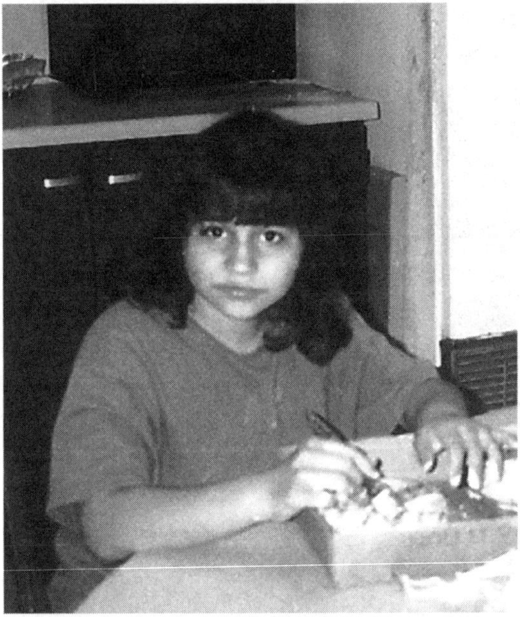

Christina ist sehr neugierig und reagiert sehr sensibel auf die Gefühle anderer Menschen.

Christina

Christina ist eine lebhafte Neunjährige, die aus dem Stand fast einen halben Meter hoch springen kann. Sie läuft, klettert und schwimmt gerne und ist gut im Werfen. Über diese kinästhetischen Fähigkeiten scheint Christina ihre überschüssige Energie loszuwerden. Sie wurde als autistisch diagnostiziert. Durch ihre Größe, Kraft, Schnelligkeit und Wendigkeit wirkt sie einschüchternd auf Erwachsene und Gleichaltrige, die sie nicht kennen. Sie ist absolut fasziniert von ihren eigenen Körperfunktionen und allen möglichen Geschmacksvariationen und Gerüchen, was die Arbeit mit ihr nicht gerade leicht macht. Da sie sehr beharrlich ist, kann sie sich einigermaßen konzentrieren, aber ihr Eigensinn hindert sie oft daran, sich an den vielen gemeinsamen Tätigkeiten, die sie mitmachen könnte, zu beteiligen. Christina sehnt sich danach, zur Gruppe zu gehören, und sie scheint mich mit ihren großen, braunen Augen und ihrem freundlichen Lächeln zu fragen, was sie tun könnte, um ihre eigene Energie unter Kontrolle zu halten, damit sie innerhalb ihrer eigenen sicheren Grenzen bleiben kann.

Christina registriert die Gefühle anderer Menschen sehr sensibel, denn sie möchte geliebt werden – besonders von anwesenden Erwachsenen. Sie gibt sich selten mit anderen Kindern ab, außer mit den Schülertutoren, die geduldig und freundlich sind und ihre Rituale akzeptieren (mitten im Unterricht hüpft oder dreht sie sich plötzlich im Kreis). Wenn sie sich sicher und angenommen fühlt – was mittlerweile immer häufiger geschieht –, beteiligt sich Christina; sie hört beim Vorlesen zu, stellt eine Kugel aus Pappmaché her oder legt gemeinsam mit einem Tutor ein Puzzle. Sie kann heute kurze Sätze mit zwei bis drei Wörtern sagen, sie scheint unaufhörlich eine äußere Struktur zu fordern und nach Wegen zu suchen, um Neues zu lernen. Christina ist ein strahlendes Mädchen, das durch ihr ansteckendes Lachen mein Innerstes erwärmt.

Gaby

Gaby ist auf den Rollstuhl angewiesen und kann sich so gut wie nicht bewegen, außer gelegentlich Arm und Bein der linken Seite. Sie ist sieben Jahre alt, hat lange, dunkle Haare und große, braune Augen, kann nicht sprechen, macht aber, wenn sie glücklich ist, mit der Zunge trillernde Laute. In dem Jahr, in dem sie bei mir war, fand ich eine Möglichkeit, wie sie sich die Musik ihres Vaters,

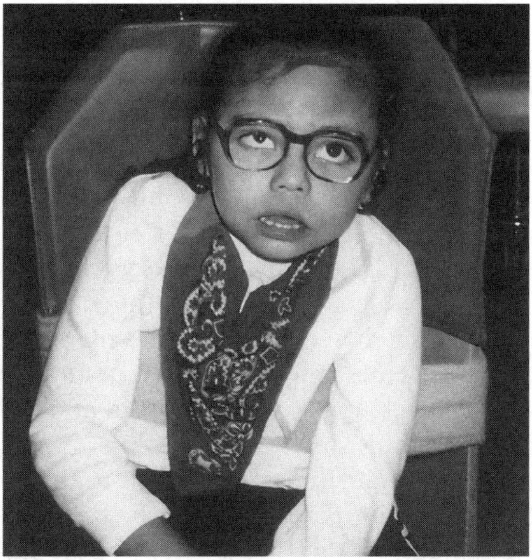

Mit täglichen Sehübungen hat Gaby allmählich gelernt, ihre Augenbewegungen besser zu koordinieren und besser zu fokussieren.

der Berufsmusiker war, anhören konnte. Immer wenn die Musik eingeschaltet wurde, schaute sie mit liebevollem Blick in die Richtung, aus der die Musik kam. Gaby hatte es sehr gerne, wenn ich zur Anregung ihrer Blutzirkulation ihre Glieder bewegte oder modifizierte Brain-Gym®-Übungen machte.

Obwohl Gaby an zerebraler Lähmung und häufigen Anfällen leidet, beteiligt sie sich eifrig an allen taktilen, visuellen und auditiven Aktivitäten der Klasse. Am Ende unseres gemeinsamen Jahres bringt sie vor Freude noch immer ihre trillernden Laute hervor, indem sie mit der Zunge gegen das Gaumendach trommelt. Mit ihrer geduldigen Art hat sie mich in ihre anspruchslose Welt eingeladen: einen kostbaren, stillen Raum, wo ich über die Bedeutung des Lebens und der Liebe nachdenken kann.

Die Gruppe als Ganzes

Meine Schüler in diesen letzten zwei Jahren hatten vielfältige Grundbedürfnisse, die meine volle Aufmerksamkeit forderten. Die meisten tragen Windeln, zwei werden über Magensonden ernährt, einer hat häufig Anfälle, drei können (mit etwas Unterstützung) selbständig essen, sechs sitzen im Rollstuhl und zwei fühlen sich nur in einer stark strukturierten Umgebung wohl. Nur eine Schülerin kann sich richtig unterhalten, aber auch ihr Wortschatz und ihr Verständnis sind sehr eingeschränkt. Nachdem ich begriffen hatte, daß ich zuallererst einen sicheren, angenehmen Ort für den täglichen Aufenthalt meiner Schüler schaffen mußte, bestand meine weitere Aufgabe darin, die Bedürfnisse eines jeden Kindes zu bestimmen, das Lernen seiner jeweiligen Entwicklungsstufe anzupassen und täglich neue Ziele für jeden einzelnen Schüler festzulegen.

Meine Einladung zu Wachstum und Lernen wurde von den Kindern nicht immer mit großer Begeisterung aufgenommen. Es ist nur selten üblich, daß behinderte Kinder zu Interaktionen aufgefordert werden. So gewöhnen sie sich daran, auf dem Boden oder in ihren Rollstühlen zu bleiben, ohne daß etwas von ihnen erwartet wird. Ich begann, meine Schülerinnen und Schüler zu bewegen (ich machte

Brain-Gym® und andere sensorische Übungen und testete ihre Bewegungsmöglichkeiten), und ermutigte sie, Dinge auszuprobieren und zu lernen – auch wenn es dabei nur darum ging, das Gewicht des eigenen Körpers mit den Beinen zu tragen. Meine Angebote wurden oft nur sehr zögernd wahrgenommen. Aber ich kann sehen, daß die Kinder meine Absicht allmählich akzeptieren – ich will nur, daß sie ihr Bestes geben. Sie wissen, daß ich ihr Lernen weiterhin freundlich unterstütze.

Wie ermutige ich sie zum Lernen? Ich habe kein einfaches Rezept dafür, aber natürlich habe ich eine Art Gesamtkonzept für meine Arbeit, das ich hier ganz kurz vorstellen möchte. Es beruht vor allem darauf, daß ich eine Absicht oder ein Ziel für jedes Kind im Auge habe. Da nur wenige Kinder selbst in der Lage sind, sich ein Ziel zu setzen oder es für sich zu „fühlen", setze ich die Ziele oder Erwartungen an ihrer Stelle. So sage ich zum Beispiel zu einem Kind: „Ich möchte gerne, daß du deine Bedürfnisse mit Worten ausdrücken kannst. Möchtest du das selbst auch?"

Auch wenn das Kind nicht antworten kann, spürt es im allgemeinen, daß ich etwas für seine Person erreichen will oder daß ich erwarte, daß es selbst etwas macht. Allein durch meine Frage wird es aufgefordert, mit mir etwas auszuprobieren, es wird ermuntert. Dadurch, so glaube ich, wird der Junge oder das Mädchen eher bereit sein, aktiv am eigenen Lernprozeß teilzunehmen.

Eine Aufforderung zum Lernen besitzt eine starke Dynamik. Ich habe die Beobachtung gemacht, daß es bei den meisten Menschen, die mit Behinderten zu tun haben, nicht üblich ist, mit dieser Dynamik zu arbeiten. Sehr oft herrscht die Vorstellung: „Dieses Kind wird nur ... können" oder „Jenes Kind wird nie in der Lage sein, ..." Ich betrachte es als meine Verantwortung, meine Schüler immerzu zum Lernen einzuladen. Wenn ich einen Ort schaffe, an dem sich jedes Kind geliebt und sicher fühlt, muß ich mich stets mit der Frage auseinandersetzen: Wer weiß schon, was dieses Kind kann oder nicht kann? Ich weiß vielleicht, was die Akten sagen, aber ich weiß nicht, was wirklich aus diesem Kind werden kann.

Kapitel 3

Kind, Eltern, Lehrer – ein kooperatives Lernmodell

Die Vielfalt der Bedürfnisse in einer Gruppe mit mehrfach behinderten Kindern erfordert, daß ich den Tagesablauf in meiner Klasse immer wieder neu planen und überdenken muß. Und ich weiß durch Berichte und aufgrund meiner Erfahrung, daß das auch bei nur einem behinderten Kind in der Familie der Fall ist.

Zu Beginn meiner Tätigkeit in der Sonderschule dachte ich darüber nach, was bei dieser Art von Betreuung wichtig ist, und daraus entstand eine Liste von Fragen. Diese Fragen stelle ich mir auch heute noch, wenn ich mich bemühe, in der Klasse eine liebevolle Lernatmosphäre herzustellen. Nach unzähligen Gesprächen mit Eltern und Kollegen bin ich mir heute sicher, daß alle, die mit behinderten Kindern arbeiten, sich dieselben Fragen stellen – Fragen nach den Anliegen dieser besonderen Kinder. Die Fragen werden vielleicht anders formuliert, aber die Motive dahinter scheinen immer die Liebe und das Interesse am Wohlbefinden des Kindes zu sein. Hier meine Liste:

- Wie kann ich einem Kind helfen, seine Energie unter Kontrolle zu halten, eine manchmal überschießende und manchmal unkonzentrierte Energie?
- Wie kann ich die persönlichen Kämpfe erleichtern, die sich aus der Tatsache ergeben, daß jemand blind, an den Rollstuhl gebunden oder nicht fähig ist, die eigenen Muskeln zu steuern?
- Wie kann ich ein Kind in einer Lernerfahrung unterstützen, damit es sich unbesorgt über das hinauswagt, was es bis dahin als Einschränkung erfahren hat?

- Wie kann ich erkennen, welche hemmenden Sicherungsmechanismen das Kind aus seinem Bedürfnis nach Sicherheit und Überleben heraus entwickelt hat? Wie kann ich den ureigenen Wunsch des Kindes nach Wachstum so stärken, daß diese kompensatorischen Mechanismen aufgegeben werden?
- Wie kann ich die für die Entwicklung des Kindes entscheidenden Bedürfnisse bestimmen?
- Wie kann ich das Sicherheitsbedürfnis des Kindes berücksichtigen, damit es sich traut, sich über die Überlebensreflexe hinauszubewegen, und ich es einladen kann, sein maximales Potential auszuschöpfen?
- Wie kann ich den Tag so einteilen, daß ich mit jedem Jungen und jedem Mädchen möglichst viel Zeit verbringe?
- Wie kann ich für mich sorgen, so daß ich bei den Kindern in einem Zustand der Balance und fokussiert bin und ihnen ein Gefühl von Zentrierung und Fokus gebe? – Ich stelle diese Frage, da ich weiß, daß es schwierig für mich ist, für jedes Kind vollständig präsent zu sein, wenn ich mir meiner eigenen Bedürfnisse nicht bewußt bin.

Es gibt unterstützende Gruppen, die Eltern helfen, die spezifischen Bedürfnisse ihres Kindes zu akzeptieren und wenigstens einige der oben formulierten Fragen zu beantworten.

Eltern fühlen sich manchmal überfordert von den vielen Ratschlägen aus Büchern und von Ärzten, Lehrern, Familienmitgliedern und von anderen betroffenen Eltern. Wenn ich mit Eltern zu tun habe, bin ich sehr vorsichtig und frage einfach: „Was wollen Sie heute für ihr Kind, und wie kann ich helfen, damit dies erreicht wird?“

Als Lehrerin möchte ich, daß meine Schüler etwas lernen, auch wenn ich manchmal den Begriff „Lernen“ bei meinen Kindern neu definieren muß. Während das Lexikon „Lernen“ mit Begriffen wie Unterricht, Ausbildung oder Erwerb von Wissen oder Fertigkeiten definiert, verstehe ich darunter das Erreichen des größtmöglichen Potentials. Für ein behindertes Kind kann „lernen“ bedeuten, daß es entdeckt, wie man auf eigenen Füßen steht, wie man selbständig ißt oder über den Gesichtsausdruck ja und nein signalisiert.

Nachdem Roni wochenlang die anderen auf dem Therapieball beobachtet hat, lernt sie selbst die Balance zu halten, während sie singt und hüpft.

Während Roni zuschaut, steht Gaby in der Gehhilfe und stützt ihr Gewicht mit den Füßen ab.

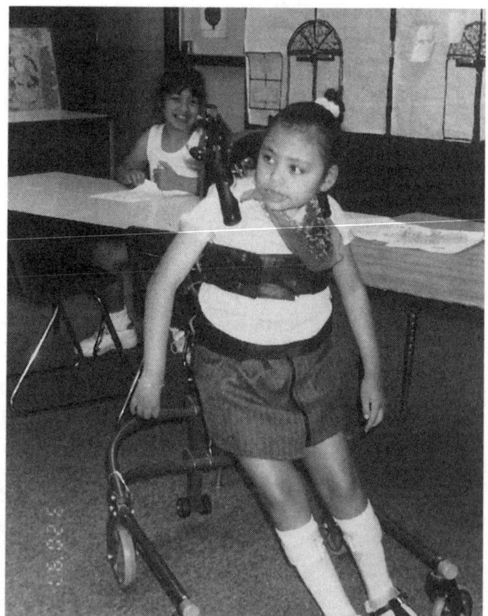

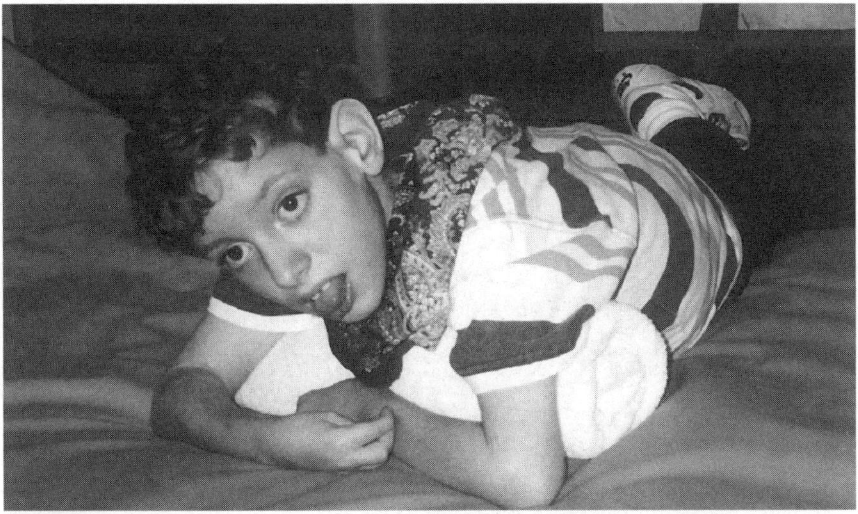

Casey schaut gerne zu, wenn die anderen etwas tun. Er macht währenddessen den Energetisierer (dabei unterstützt durch ein zusammengerolltes Handtuch, damit sein Oberkörper gestärkt wird).

Die gleichaltrigen Schüler, die als Tutoren in meine Klasse kommen (siehe Kapitel 4), fragen mich oft, was ich meinen Schülern beibringe, da sie doch nicht sprechen oder lesen und sich nicht selbst bewegen können. Meine Antwort hat immer mit meiner Definition von Lernen zu tun. Und das heißt, anstatt lesen, schreiben oder rechnen zu lernen, lernt meine Schülerin mit ihren Augen zu sehen, mit den Ohren zu hören und unter großen Mühen ihren Körper zu bewegen, um mir zu zeigen, daß sie versteht, was, ich sage.

Diese Definition von „Lernen" ist oft auch für die Eltern meiner Schüler neu und schwer verständlich. Viele der Kinder aus meiner Klasse kamen die meiste Zeit einigermaßen zurecht – soweit es eben die Behinderung zuließ. Der größte Wunsch der Eltern für ihre Kinder war bis dahin gewesen, daß sie sich wohl fühlen sollten. Und jetzt kam da eine neue Lehrerin, die den Eltern die Vorstellung nahebrachte, daß *mehr* möglich sein könnte – auch wenn ihr Kind nicht die erwarteten Fortschritte gemacht hatte, auch wenn sie schon alle Hoffnung aufgegeben hatten.

Rudy schaut angestrengt in einen Spiegel und freut sich über sein eigenes Spiegelbild.

Ich bitte die Eltern, Veränderungen als möglich zu erachten. Sie sollten genau auf kleinste Verbesserungen achten und mit ihrem Kind gemeinsam die Entfaltung von dessen Intelligenz erleben, einer Intelligenz, die nicht mit normalen Maßstäben bestimmt werden kann. So sage ich vielleicht zu ihnen: „Ist Ihr Kind neugieriger geworden, mitteilsamer oder unabhängiger? Kommt Ihr Junge zu Ihnen, wenn Sie ihn rufen? Schaut Ihre Tochter Sie an, wenn Sie mit ihr sprechen?“

Und weiter: „Erinnern Sie sich, wie es ist, wenn ein Kleinkind lernt, seine Tasse zu halten? Es läßt sie immer wieder fallen, und wir heben sie immer wieder auf und stellen sie vor unser Kind hin, weil wir wissen, daß es durch Übung lernt, die Tasse zu halten und auch daraus zu trinken.“ Hier zeigen sich Geduld und Ausdauer sowie die Überzeugung, daß Lernen möglich ist, und ich bitte die Eltern meiner Kinder, diese Eigenschaften und diese Überzeugung wieder hervorzuholen.

Eine Mutter sagte zu mir, sie wisse, daß ihr Sohn „nie ein Einstein werden würde“, und trotzdem wollte sie, daß er alles geboten bekäme, was er vielleicht unter Umständen lernen könnte. Genau! Chancen für das Kind in Erwägung zu ziehen und zu eröffnen zeugt von dem Geist, in dem Lehrer und Eltern am besten zusammenarbeiten können.

Neu Gelerntes würdigen

Wenn wir ein Kind auffordern, zu wachsen und zu lernen, um sein Potential so gut wie möglich auszuschöpfen, müssen wir sehr darauf achten, was möglich und angemessen ist, anstatt einfach sinnlos etwas zu üben. (Dieser Grundsatz liegt dem gesamten Buch zugrunde, und er wird in Kapitel 5 ausführlich behandelt.) Im Gespräch mit den Eltern mache ich ihnen klar, daß ich ihr Kind zwar so mag, wie es ist, daß ich aber alles tue, damit es sich öffnet, um weitere Fähigkeiten zu entdecken.

Ich lade Mütter und Väter dazu ein, sich neue Möglichkeiten auszudenken, um den Austausch mit ihrem behinderten Kind zu pflegen. Ich höre aktiv zu, wenn die Eltern über ihre Kinder sprechen, und ich nehme ihre Vorschläge auf, sofern das möglich ist; schließlich kennen die Eltern ihre Kinder ganz anders als ich. Als Lehrerin erlebe ich ein Kind ein, zwei oder drei Jahre. Die Eltern begleiten das Kind von der Geburt an und nach mir noch viele weitere Jahre. Wenn beide Seiten, Eltern und Lehrer, auf die Bedürfnisse des Kindes horchen und ihre Beobachtungen und sonstige Informationen dann austauschen, läßt sich besser über den nächsten Entwicklungsschritt entscheiden.

Eine Möglichkeit, die ich Eltern anbiete, damit sie mit ihren Kinder gemeinsam etwas tun können, sind die Brain-Gym®-Übungen, die ich in der Klasse mit den Kindern mache. Diese Übungen, eine Serie kurzer, lustiger und energieanregender Übungen, sind für meine Schüler besonders wichtig, da sie bei der Beherrschung der Schwerkraft helfen. Sie erleichtern den Kindern die Antwort auf folgende Fragen: *Wo liegt mein Schwerpunkt? Welche Seite meines Körpers ist links und welche rechts? Wohin schauen meine Augen? Was ist oben und unten, oberhalb oder unterhalb, innen oder außen?* Solange die Kinder keine räumliche Vorstellung in bezug auf ihren eigenen Körper haben, ist es sinnlos, ihnen beim Lesen und Schreiben Begriffe wie oben, unten, links oder rechts beizubringen.

Meine Erfahrung hat gezeigt, daß ein behindertes Kind, das körperlich in der Lage ist, aufmerksam zu sein (damit ist die körperliche Wahrnehmung gemeint: mit den Augen sehen, mit den Händen fühlen, Körpergefühle ausdrücken usw.), dann auch Spaß am Lernen haben kann. Das Vergnügen bei den Brain-Gym®-Übungen ist schon eine Belohnung an sich; wichtiger ist aber, daß Brain-Gym® die Verbindung zu körperlichen und sensorischen Erfahrungen herstellt. Mit diesen Übungen fällt es den behinderten Kindern und jedem Übenden leichter, den eigenen Körper zu spüren.

Ich zeige den Eltern, wie sie das Wachstum und die Entwicklung ihres Kindes bewußt wahrnehmen *(noticing)* können. In Paul und Gail Dennisons Edu-Kinestetik bedeutet *noticing* bewußtes Wahrnehmen unserer körperlichen Verfassung und der feinen wie auch der grundsätzlichen Veränderungen, die uns in die Lage versetzen, uns wohler zu fühlen, und die uns in unseren Fertigkeiten und Fähigkeiten selbstsicherer werden lassen. Wenn wir fähig sind, unsere Erfahrungen bewußt wahrzunehmen und zu beachten, wird unser Lernen effizienter. Bei Brain-Gym® sprechen wir von „Ankern", wenn wir innehalten, um bewußt wahrzunehmen und anschließend das neu Gelernte zu feiern. Dieses Ankern verstärkt dann wiederum von selbst den Wunsch nach neuem Lernen.

Ich verwende das Brain-Gym®-Programm unter anderem, um den Eltern direkt zu demonstrieren, wie die Übungen ihrem Kind helfen. Bei unseren Elternabenden zeige ich den Müttern und Vätern, wie sie Brain-Gym® bei ihren Kindern anwenden können. Anschließend berichten mir die Eltern dann, wie sie die Übungen im Tagesablauf ihrer Kinder einbauen, zum Beispiel morgens zum Munterwerden oder abends als Einschlafübung.

Die Eltern erzählen mir, wie sie versuchen, Raum zu geben zum Lernen und alle Chancen für ihr Kind offenzuhalten. Für sie ist es eine neue Erfahrung, und sie finden es aufregend, im Umgang mit ihrem Kind darauf zu achten, daß sie ihm Möglichkeiten bieten, weiter zu wachsen. Dies kann zum Beispiel mit den folgenden oder ähnlichen

Sätzen geschehen: „Ich würde mich freuen, wenn ... Lernen ist nicht immer so schwer, es wird leichter werden. ... Du mußt es nicht unbedingt jetzt schaffen, tu einfach dein Bestes. Du wirst es lernen, wenn die Zeit dafür reif ist."

Ich bin froh, daß ich an diesem Zusammenspiel beteiligt bin, denn ich glaube, daß es zu meiner Verantwortung als Lehrerin gehört, daß ich an diesen von den Eltern bereitgehaltenen liebevollen Raum glaube und die Eltern bestärke. Für mich ist das kooperatives Arbeiten.

Wenn behinderte Kinder gestärkt werden

Da unter behinderten Kindern unterschiedlichste Fähigkeiten anzutreffen sind, möchte ich über die Gelegenheiten sprechen, wenn ein Kind etwas lernt, was niemand erwartet hätte: wenn ein blindes Mädchen zu sehen beginnt, wenn ein Junge seinen Rollstuhl nicht mehr braucht, wenn ein Mädchen mit einer Aphasie sich in Worten auszudrücken beginnt, wenn ein halbwegs erwachsener Junge, der bisher sehr friedlich war, plötzlich seine Trotzphase erlebt und nach Unabhängigkeit verlangt. Auch wenn Eltern und Lehrer glücklich über solch einen Meilenstein sind, lassen sich darüber hinaus sehr widersprüchliche Reaktionen beobachten.

So manche Eltern haben sich sehr bemüht, die *Einschränkungen* ihres Kindes zu akzeptieren und sich klarzumachen, daß dies alles sei, was ihr Kind jemals tun könne. Dann zeigt das Kind auf einmal unvorhergesehene Fähigkeiten, oder es sagt auf einmal: „Nein, ich will nicht!" Eine wahre Herausforderung für die Eltern, die lernen müssen, sich der neuen Situation anzupassen.

Was geschieht, wenn zum Beispiel bei einem Mädchen die Wut nach außen durchbricht und sie weniger „süß", weniger abhängig, weniger umgänglich wird? Als Lehrer und Eltern erkennen wir dann vielleicht, daß das Mädchen sich seiner Einschränkungen stärker bewußt wird.

Genau das geschah bei Lindsey, deren Frustration ständig zunahm, als sie merkte, daß sie viele Dinge, die sie vor ihrer Krankheit beherrscht hatte, nun nicht mehr konnte. Sie wollte weiterhin alles selbst machen, aber sie schaffte vieles noch nicht selbständig. Und was die Sache noch schlimmer machte: Sie wurde sehr wütend auf jeden, der ihr zureden wollte, auch dann weiterzumachen, wenn es vielleicht unangenehm wurde.

Was haben Lindseys Mutter und ich daraufhin getan? Wir haben gemeinsam für Lindsey strikte Grenzen gesetzt und unsere Erwartungen klar definiert. Zum Beispiel ließ ihre Mutter ihr öfter die Wahl zwischen zwei Dingen. Wollte Lindsey nicht wählen, entschied ihre Mutter für sie, und Lindsey mußte sich daran halten, ohne weitere Fragen und Diskussionen. Wenn Lindsey nach mir trat, hielt ich ihren Fuß fest und sagte: „Den Fuß auf den Boden. Ich trete dich nicht. Ich erwarte, daß du auch nicht nach mir trittst. Ich sehe, daß du wütend bist. Ich habe dich nicht wütend gemacht. Füße auf den Boden!"

Lindseys Weg in diesem Stadium ihrer Rehabilitation war genau festgelegt und sehr eng. Manchem mag diese Methode als hartherzig erscheinen. Aber ihre Mutter und ich betrachteten sie als wirkungsvolles Mittel, um für Lindsey einen Raum für weiteres Wachstum zu schaffen, einen Raum, in dem sie lernen und immer wieder neu lernen konnte, wie es war, in ihrem Körper mit den neuen Herausforderungen und Einschränkungen zurechtzukommen. (Es bleibt noch zu erwähnen, daß Lindsey aufgehört hat zu treten und ihre Bedürfnisse und Wünsche jetzt sehr klar mit Worten ausdrücken kann.)

Es ist sehr wichtig, der Führung des Kindes zu folgen. Aber was tun, wenn es plötzlich mit Beißen, Schlagen oder Treten anfängt oder sonstwie seine Frustration zum Ausdruck bringt? Der Geduldsfaden wird dünner, und man fragt sich, wie man trotzdem noch unterstützend wirken kann: „Hmmm, ... warum tritt sie mich eigentlich? Was will sie wirklich von mir? Wie kann ich neues Lernen unterstützen? Wie kann ich ihr helfen, ohne mich dabei in ihre Wut hineinziehen zu lassen?"

Die Bedürfnisse eines Kindes als Spiegel

Diese Fragen sind für mich wie ein Spiegel, der die Themen reflektiert, die ich auch bei mir finde. Wenn Lindsey wütend ist, rührt ihre Wut manchmal an etwas tief in meinem Innern. Ich muß dann nicht genau wissen, worum es sich handelt, ich muß nur zulassen, daß es sich durch mich hindurchbewegt. Und das mache ich mit Brain-Gym® – ich mache *Hook-ups* oder die *Erdknöpfe,* die *Raumknöpfe,* die *Überkreuzbewegung,* oder was ich meinem Gefühl nach gerade brauche. Ich fühle mich dann besser geerdet und bin mir meiner eigenen Erfahrung besser bewußt. Wenn ich so Raum in mir schaffe, kann ich leichter jeden Ärger transformieren, den ich in dieser Situation empfinde, und ich kann sogar so etwas wie einen emotionalen Auffangbehälter für die Wut des Schülers oder der Schülerin darstellen. Diese unsichtbare Fürsorge kann eine greifbare Grenze bilden, so daß ein Gefühl persönlicher Sicherheit entstehen kann. Im Rahmen dieser Sicherheit bleibt Raum zum Erkunden. In Lindseys Fall bedeutet dies, daß sie durch diese Grenzen Freiheit finden konnte: die Freiheit, selbst zu wählen, wie sie Aufgaben erledigte oder ihre persönlichen Lektionen im Leben lernte. Als betroffene Erwachsene lernten ihre Mutter und ich Lindseys Wachstum und Veränderungen akzeptieren und die Bereicherung schätzen, die wir durch sie erfahren konnten.

Wann sollten wir zum Lernen auffordern?

Folgende Fragen stelle ich mir immer wieder:

- Wann *stören* wir (Lehrer oder Eltern) durch unsere Belehrungen?
- Woran erkenne ich, wann ich das Kind *auffordern* muß, damit es in seinem Lernen einen weiteren Schritt macht?
- Wann ist es angemessen, daß ich unterbreche und auch die kleinsten Veränderungen feiere?
- Wann ist es wichtig, das Bedürfnis zu unterrichten beiseite zu lassen und einfach das Zusammensein mit dem Kind zu genießen?
- Wie gelingt es mir, mit jedem Kind bei seinem Lernprozeß präsent zu sein und dabei zentriert, geerdet und fokussiert zu bleiben, während ich Neues lerne?

Ich kann diese Fragen für mich noch nicht abschließend beantworten, aber im Grunde geht es darum, auf meine Intuition und auf den kreativen Prozeß, der zum Leben gehört, zu vertrauen.

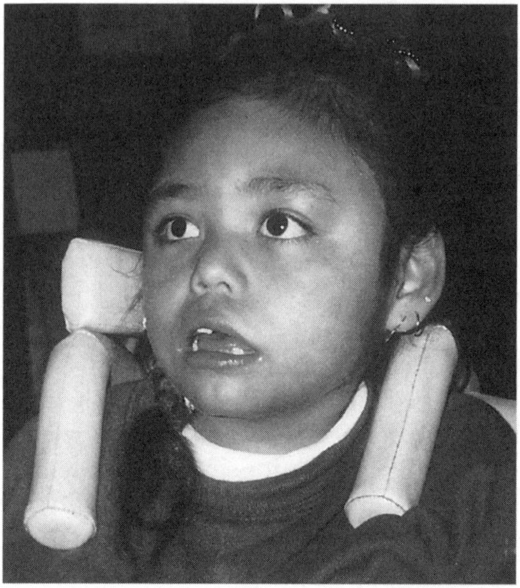

Während Gaby zuschaut, was im Klassenzimmer geschieht, kann sie ihren Kopf kurze Zeit ohne Unterstützung aufrecht halten.

Die folgende Erfahrung mit meiner Schülerin Gaby soll diesen Gedanken veranschaulichen. Wie Sie sich vielleicht erinnern, sitzt Gaby im Rollstuhl, sie kann nicht sprechen, hat häufig Anfälle, hat kein Gefühl in den Händen und in einem Arm, und kann eigentlich ihren Körper überhaupt nicht bewegen. Dennoch ist sie ein glückliches Mädchen, das sich von seiner Familie sehr geliebt weiß. Eines Tages saßen wir zusammen auf einer Matte im Klassenzimmer. Ich beobachtete, wie Gaby ihren linken Arm automatisch hin und her schwang, während der rechte schlaff herunterhing. Ich erkannte, daß sie in ihrem visuell-kinästhetischen Mittelfeld nichts wahrzunehmen schien.

„Gaby", sagte ich zu ihr, „ich möchte, daß du lernst, dich auf deine Unterarme aufzustützen. Ich denke, daß dir das hilft, deine Arme und Hände zu finden. Was möchtest du?"

Da Gaby mir nicht mit Worten antworten kann, „lauschte" ich auf körperliche Anzeichen, die mir ihre Bereitschaft zum Lernen vermitteln würden. Als ich dann entschied – ähnlich wie man für einen Säugling entscheidet –, daß Gaby bereit war, ihre Erfahrung zu erweitern, rollte ich sie auf den Bauch und stützte sie auf ihre Unterarme auf. Zunächst versteifte sie sich fast unmerklich.

Ich fragte sie in aufmunterndem Ton, wie sie sich fühle. Gaby zeigt ihren Widerstand oft, indem sie sich zusammenrollt; deshalb übte ich, während ich sprach, mit der Hand Druck auf ihre Hüfte aus, um sie auf der Matte zu halten. Mit sanfter Stimme sagte ich ihr, wie gut sie ihre Aufgabe mache und daß ich wisse, wie schwierig diese Stellung für sie sei, und daß ich an ihrer Stelle auch Angst hätte (diese Reaktion erspürte ich aus ihrem Körper und ihren Lautäußerungen). „Trotzdem", betonte ich, „ist es wichtig, daß du lernst, auf dem Bauch zu liegen."

Seitdem haben Gaby und ich mit dieser neuen Form des Lernens weitergemacht. Sie kann jetzt Aktivitäten im Klassenzimmer zwei bis drei Minuten an einem Stück beobachten und setzt dabei beide Augen zusammen im visuellen Mittelfeld ein, und das ohne Streß, während sie sich auf ihre Unterarmen aufstützt und den Kopf aufrecht hält.

Kapitel 4

Gleichaltrige „normale" Schüler als Lernhelfer

Während der ersten Tage in meiner Klasse wurde mit klar, daß ich Hilfe brauchen würde, wenn ich mit meinen Schülern die Brain-Gym®-Übungen machen wollte. Für Kinder allgemein sind diese Übungen als Selbsthilfeprogramm sehr wirkungsvoll. Anders verhielt sich das bei *meinen* Schülern: Aron oder Jacob konnten durch die Berührung vielleicht zu stark stimuliert werden, andere wie Scott und Christina würden nicht so lange stillhalten, und bei fast allen mangelte es an der nötigen Muskelkraft, Koordination oder Propriozeption (Wahrnehmung eigener Körperempfindungen), um die Übungen alleine auszuführen. Es war sehr viel praktische Hilfe notwendig, um die verschiedenen Brain-Gym®-Übungen an die Bedürfnisse meiner Schüler anzupassen.

Da in meiner Schule überwiegend Kinder mit schweren Behinderungen waren, ging ich zu einer Grundschule in der Nachbarschaft, wo Kinder von der Vorschule bis zur fünften Klasse unterrichtet wurden. Dee, eine erfahrene Lehrerin und meine Freundin und Mentorin an dieser Schule, machte mir Vorschläge, wie meine Schüler und Schülerinnen bei Aktivitäten an der Grundschule einbezogen werden könnten. Sie ermutigte mich außerdem, andere Lehrer zu fragen, ob sie bereit wären, ihre Schüler als Tutoren (hier: Lernhelfer) in meine Klasse zu schicken. Es gab durchaus Lehrer, die es als Chance für ihre Schüler betrachteten, wenn sie sich fürsorglich um Gleichaltrige, die anders zu sein schienen, kümmerten. Diese Lehrer mußten zudem bereit sein, ihren Schülern immer wieder freizugeben, damit sie regelmäßig in meiner Klasse helfen konnten.

Eine Lehrerin der vierten Klasse und ich stellten gemeinsam einen Plan für ihre Schüler auf. Einmal in der Woche hatten sie gemeinsam mit meinen Schülern eine Sportstunde, die auf die Bedürfnisse meiner Schüler abgestimmt war. Dazu gab es einen Plan, wonach jeweils drei Schüler zweimal die Woche morgens zu Schulbeginn und zur Musikstunde in meine Klasse kamen. Bereits nach kurzer Zeit beteiligten sich drei weitere Lehrer an unserem Programm, und das Team von Freiwilligen aus verschiedenen Klassenstufen war mir bald eine große Hilfe. Kinder sind die geborenen Lehrer; niemand kann ein Kind so gut unterrichten wie ein anderes Kind. Und in der Tat können wir alle nur von der unbefangenen Bereitwilligkeit lernen, mit der diese Kinder ihren behinderten Altersgenossen halfen.

Vorbereitendes Training

Um mir die effektive Mitarbeit der Grundschüler und die kontinuierliche Unterstützung der Lehrer zu sichern, brauchte ich ein Trainingsprogramm für die Schülertutoren. Auf der Basis von Dees Programm und mit ihrer Unterstützung entwickelte ich meine eigene Version, die ich in der Grundschule präsentieren konnte. Dees Bezeichnung für das Programm behielt ich bei: *Ability Awareness Training* („Der eigenen Fähigkeiten bewußt werden"). In diesem Training bereite ich die Schüler auf das vor, was sie in meiner Klasse erwartet. Dazu gehört besonders folgendes:

- Wir diskutieren über Gefühle wie Angst, Wut oder ähnliches, die angesichts der ungewöhnlichen Bedürfnisse der behinderten Kinder aufkommen könnten. Wir sprechen über das manchmal ungewohnte Aussehen dieser Kinder und über die Frustration, die diese unter Umständen empfinden, weil sie nicht laufen, nicht für ihre körperlichen Bedürfnisse sorgen und sich auch nicht mit Worten ausdrücken können.
- Ich bereite die Schüler auf verschiedene Situationen vor – „Was ist zu tun, wenn ..." –, damit sie wissen, was sie tun können; insbesondere zeige ich ihnen auch, wie die verschiedenen Geräte und Hilfsmittel bedient werden.

- Wir diskutieren über das Thema: „Was heißt Lernen, und wie können Kinder mit vielfachen Handicaps lernen?“
- Wir besprechen den Unterschied zwischen Empathie und Sympathie, und ich lege Wert auf die Feststellung, daß die Arbeit mit Behinderten nicht immer angenehm ist und es auch nicht sein muß.

Es ist wichtig, daß die gesunden Schüler die Gefühle akzeptieren, die bei ihnen aufkommen, wenn sie meine Schüler erblicken und wenn sie sehen, was diese können oder nicht können. Ich bitte die zukünftigen Tutoren, sich in die Lage eines behinderten Kindes zu versetzen und zu überlegen, was es fühlen könnte. Gefühle sind für mich das wichtigste Thema, denn man kann sich leicht vorstellen, daß die erste Begegnung mit einer Klasse schwer behinderter Kinder eine emotional sehr bewegende Erfahrung ist. Ich stelle Fragen, zum Beispiel: „Was glaubst du, wie du dich fühlst, wenn du einen Raum betrittst, in dem fünf Schüler in Rollstühlen sitzen? Wo ein Schüler sich in der Ecke verkriecht, zwei fortwährend im Zimmer umhergehen und vor sich hin brabbeln, wo nur eine Schülerin sprechen kann und ein Schüler über eine Magensonde ernährt wird?“ Und ich erkläre ihnen, daß ihre Reaktion vielleicht sein wird: „Wow! Ich hatte ja keine Ahnung, daß die Kinder so aussehen und solche Laute von sich geben. Was mache ich bloß?“

Ich fordere die Grundschüler auch auf, sich vorzustellen, daß sie mit jemandem arbeiten, dessen Halstuch vom Speichel ganz naß ist ..., und daß der Speichel unaufhörlich weiterfließt.

„Überlegt euch, wie das ist“, und dabei gehe ich zu einem der Schüler hin, „wenn ich zu dir sage: ‚Wie schrecklich! Ich will nicht mit dir arbeiten! Du hast ja braune Augen!‘ “

„Er kann doch nichts für seine braunen Augen!“ kommt meist als spontane Antwort von den Kindern.

„Genau darum geht es“, erkläre ich ihnen dann. „ Meine Schüler können nichts dafür, daß der Speichel fließt. Sie wissen oft nicht, wie oder wann sie die Muskeln in ihrer Kehle bewegen müssen, um zu schlucken. „Überlegt euch einmal, wie sich meine Schülerin fühlt! Sie weiß nicht einmal, daß der Speichel fließt, bemerkt aber, daß ihr unfreundlich reagiert.“

Ich mache den Grundschülern klar, daß alle ihre Reaktionen, welcher Art auch immer, in Ordnung sind. Wenn sie ihre Erfahrungen –

was sie empfinden und fühlen – wirklich bewußt wahrnehmen und akzeptieren, können sie präsent sein, wenn sie mit meinen Schülern arbeiten, und vielleicht gefällt es ihnen sogar in meiner Klasse. Die Gefühle zu akzeptieren ist einer der wichtigsten Punkte in meinem vorbereitenden Training, denn wenn diese Kinder anderen helfen, sollten sie sich ihrer eigenen Bedürfnisse und Gefühle bewußt sein. *Nur dann* können sie gegenüber den Bedürfnissen meiner Schüler aufgeschlossen sein.

Im praktischen Teil des Trainings erkläre ich den zukünftigen Tutoren den Gebrauch der technischen Hilfsgeräte sowie die sichere Bedienung der Rollstühle. Oft sind die Kinder fasziniert von den technischen Details. Wenn sie dann in meine Klasse kommen, sind sie bereits mit den Geräten vertraut. Es fällt ihnen dann leichter, sich gleich zu Beginn in einer sonst ungewohnten Umgebung wohl zu fühlen. Der praktische Teil des Trainings umfaßt auch Rollenspiele, in denen die Schülertutoren lernen, wie sie bei der Interaktion mit meinen Schülern auf die vielfältigen körperlichen Behinderungen eingehen können. Dabei erkläre ich ihnen, daß Lernen hier, anders als bei ihnen, in winzigen Schritten erfolgt. Ich vermittle ihnen auch die Erwartung, die ich für meine Schüler mit ihren speziellen Bedürfnissen hege: daß sie durch Bewegung und neue Erfahrungen wirklich *lernen können.*

Damit die Grundschüler, die sich freiwillig melden, von ihrem Einsatz als Tutoren profitieren, erwarte ich von ihnen, daß sie folgende Voraussetzungen mitbringen:

- *Verständnis:* Die Schüler sollen sich selbst so akzeptieren, wie sie sind, und sie sollen bereit sein, diese Akzeptanz auch auf den Schüler, mit dem sie arbeiten, zu übertragen.
- *Geduld:* Die Fähigkeit, ruhig zu bleiben und auch angesichts von Schwierigkeiten durchzuhalten.
- *Führungsqualitäten:* Die Schüler sollten bereit sein, bei der Arbeit mit einem Schüler, dessen Bedürfnisse ganz anders als die eigenen sind, eine aktive Rolle zu übernehmen – für die meisten Schüler eine seltene Chance.
- *Sinn für Humor:* Diese Eigenschaft ist unverzichtbar bei der Arbeit mit Behinderten, die sehr sensibel auf die Gefühle der Menschen in ihrer Umgebung reagieren.

Nachdem ich mein vorbereitendes Training in einer vierten Klasse vorgestellt hatte, bat der Lehrer seine Schüler, in fünf Minuten aufzuschreiben, was sie fühlten, wenn sie daran dachten, daß sie in meiner Klasse mit behinderten Kindern arbeiten würden. Am Schuljahrsende schrieben dieselben Schüler eine fünfminütige Kurzbilanz über ihre Gefühle bei der Arbeit mit meinen Schülern. In den folgenden exemplarischen Schüleräußerungen sind jeweils die Kommentare vom Anfang und vom Ende des Schuljahres gegenübergestellt.

Kommentare der Lernhelfer

Wendell

Am Anfang: „Mir geht es gut, weil ich ein gutes Gefühl habe, wenn ich bei ihnen bin und sie glücklich mache, damit sie sich bei uns sicher fühlen. Es ist manchmal traurig, aber ich versuche zu fühlen, was sie fühlen. Daß man ein gutes Herz hat ist wichtig."

Am Ende: „Die Arbeit in Cecilias Klasse macht sehr viel Spaß. Ich helfe ihnen gerne und mache auch manches für sie. Ich würde gerne öfter zu ihnen gehen."

Jeffrey

Am Anfang: „Ich fühle mich so, wie jeder sich fühlen würde. Manche sagen, daß es unheimlich ist, und sie wollen aufgeben oder es wird ihnen schlecht. Einige Menschen glauben, daß sie ganz anders sind als wir, aber das sind sie nicht. Sie sind wie alle anderen."

Am Ende: „Seit ich in Cecilias Klasse gearbeitet habe, habe ich gelernt, daß Behinderte gar nicht so übel sind. Ich habe gelernt, sie nicht zu ärgern, weil sie auch nicht anders sind als wir. Ich muß zugeben, daß es mir manchmal schlecht wird, wenn ich bei ihnen bin, aber sonst ist alles okay. Am liebsten mag ich Aron. Er kann eigensinnig sein, aber manchmal dringe ich zu ihm durch. Manchmal empfinde ich etwas für sie."

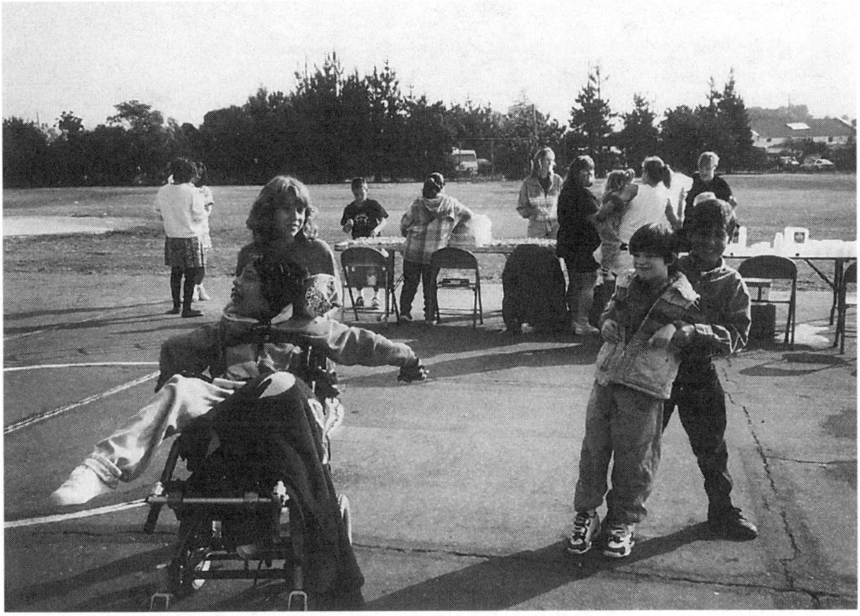

Youana (im Rollstuhl) und Aron (rechts) nutzen gerne die Gelegenheit, mit den Schülertutoren an den Freizeitaktivitäten der Grundschule teilzunehmen.

Krystal

Am Anfang: „Ich finde es gut, daß ich bei den behinderten Schülern helfen kann. Ich habe immer ein gutes Gefühl, wenn ich Menschen oder Tieren helfen kann. Ich habe gelernt, daß sie genau so wie wir sind, aber sie können nicht so viel tun wie wir und sind einfach von Geburt an anders."

Am Ende: „Wenn ich in Cecilias Klasse gehe, fühle ich mich hinterher gut. Wenn ich mit einigen Kindern arbeite, fühle ich mich, ehrlich gesagt, irgendwie schrecklich. Ich arbeite gerne mit Roni, weil sie mir zuhört und fast so ist wie wir. Ich arbeite auch gerne mit den Kindern im Rollstuhl, denn wenn ich mit Youana zusammen bin und sie in die Spezialschaukel setze, ist sie wirklich glücklich. Sie spürt gerne, wie ihr Haar im Wind weht, genau so wie in einem Kabriolett."

Ruthie (links) und Roni (rechts) spielen mit einer Tutorin im Sand.

David

Am Anfang: „Ich fühle mich irgendwie unsicher, was ich dort tun muß und wie, weil ich sie nicht verletzten will und auch mich nicht. Ich möchte wissen, wie man mit ihnen spielt oder sie fortbewegt. Ich glaube aber, daß es Spaß machen wird, mit Behinderten zu arbeiten."

Am Ende: „Ich glaube, es ist irgendwie schlimm, weil sie sabbern und schwer zu kontrollieren sind, aber sonst macht es Spaß. Ich glaube, daß die Arbeit schwer ist, aber ich bin froh, daß ich dort helfen kann. Es dauert ziemlich lange, bis man sich daran gewöhnt hat, dorthin zu gehen, aber es ist nicht so schlimm. Ich finde, es macht Spaß."

Emily

Am Anfang: „Ich fühle mich gut, wenn ich in Cecilias Klasse arbeite, und ich habe auch keine Angst, weil ich schon in der dritten Klasse mit Behinderten gearbeitet habe und dabei auch keine Angst hatte. Ich arbeite gerne mit ihnen, weil einige nett sind. Aber auch wenn sie gemein sind, macht es mir nichts aus, weil behinderte Kinder nicht immer wissen, was sie tun oder sagen. Also helfe ich ihnen gerne."

Am Ende: „Ich fühle mich gut, wenn ich in Cecilias Klasse bin, weil ich ihnen helfen kann. Sie sind freundlich zu mir, und es macht mir nichts aus, auch wenn es unangenehm ist, sie zu berühren. Wenn ich dann sagen würde: ‚Igitt, ist das unangenehm!', das wäre nicht nett. Also bemühe ich mich, nicht ‚Igitt' zu sagen. Ich helfe den behinderten Kindern gerne. Ich finde, daß es traurig ist, wenn man etwas Gemeines zu ihnen sagt, denn sie wurden so geboren und wir nicht."

◆

Mit diesen Äußerungen möchte ich auf das hinweisen, was Schülertutoren alles lernen können, wenn sie mit besonders geforderten Schülern arbeiten. Der große Gewinn, den diese Viertkläßler aus ihrem Einsatz als Tutoren in meiner Klasse zogen, zeigte sich mir am Schuljahrsende sehr deutlich. Die Gefühle der Kinder zu Anfang des Jahres – Angst, Neugier, Aufregung, Verwirrung, Unbehagen, Besorgnis – wichen der Erkenntnis, daß die Tätigkeit eines Tutors eine sehr lohnende Erfahrung ist. Die Kinder brachten ehrlich zum Ausdruck, welche Freude sie erlebten, welche Schwierigkeiten sie hatten, wenn sie sich „abgestoßen" fühlten oder Probleme hatten, meine Schüler zu „kontrollieren". Sie berichteten auch, daß sie frustriert waren, als sie feststellten, daß es lange dauerte, bis sie sich daran gewöhnt hatten, mit meinen Schülern zu arbeiten.

Die persönliche Reife, die diese Viertkläßler erreicht haben, ist erstaunlich: Es gefällt ihnen, sie lernen kooperieren, sie ergreifen die Gelegenheit, etwas über sich selbst zu lernen, und sie fühlen sich gut, wenn sie erkennen, wie es ist, für die Bedürfnisse anderer offen zu sein. Diese jungen Menschen bringen ihren Mut und ihre Phantasie in eine völlig neue und unter Umständen entmutigende Situation ein.

Was mich betrifft, bin ich der Überzeugung, daß trotz der Anforderungen durch zusätzliche sechzehn Schüler die Vorteile gegenüber den Nachteilen deutlich überwiegen. Ich arbeite gerne mit den Schülertutoren und beobachte mit Freude, wie sie sich für etwas entscheiden, das bei ihnen ein gutes Gefühl hinterläßt. Für mich ist es aufregend mitzuerleben, wie sie ihre Fähigkeit entdecken, einem anderen Kind Freude zu schenken. Es ist einfach eine wertvolle Erfahrung für beide Teile, für das behinderte Kind und die Tutoren aus der Grundschule.

Schüler aus der sechsten Klasse einer Privatschule in der Nachbarschaft waren auch als Freiwillige bei meinen Schülern. Sie erhielten ihr vorbereitendes Training von ihrer Lehrerin Chris, die ursprünglich Sonderschullehrerin war. Chris betont im Training, daß sich die Erfahrungen mit meinen Schülern mit dem laufenden Betreuungsprogramm an der Privatschule vergleichen lassen, bei dem die Schülerinnen und Schüler sich um die Schulanfänger kümmern. Diese Schüler wissen bereits, was es heißt, anderen zu helfen, und sie sind älter, so daß sie schon recht sicher sind, wenn sie zu meinen Schülern kommen.

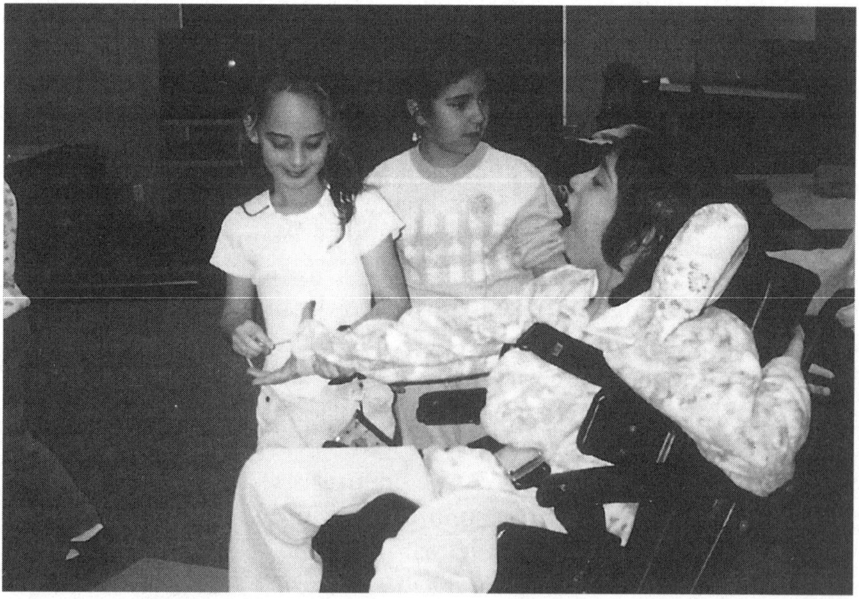

Tutoren helfen Youana mit einem Hulahoop-Reifen bei einem Spiel. Dadurch können der Fokus und grobmotorische Fähigkeiten trainiert werden. Und natürlich macht es Spaß!

Chris bespricht viele der Punkte, die auch bei mir zum Training gehören; bei ihr liegt die Betonung jedoch weniger auf den Gefühlen, sondern vielmehr auf dem Aspekt der Hilfeleistung – zum Beispiel dem Bewußtsein für die Bedürfnisse eines anderen. Die Betonung der Hilfeleistung hat starken Einfluß auf das Verhalten dieser Schüler gegenüber meiner Klasse, sie scheinen weniger ängstlich zu sein und können daher besser erkennen, was im Augenblick zu tun ist.

Die Privatschüler waren durch ihr Training vorbereitet, sie waren von Anfang an mitfühlend und aufgeschlossen, und sie übernahmen bereitwillig die schwere Arbeit, bei der Erfüllung der Bedürfnisse meiner Schüler mitzuhelfen. Ich bin beeindruckt, wie diese Freiwilligen sich auf die jeweils anstehenden Aufgaben konzentrieren und meine Schüler anleiten, ohne daß viele Anweisungen meinerseits nötig sind.

Zum Beispiel fordere ich die Schülerinnen und Schüler aus Chris' Klasse auf: „Bringt meine Schüler in einem Halbkreis zusammen, stellt euch vor sie hin und blättert das Buch um, aber so langsam, daß dort die Wörter zu sehen sind, die gleichzeitig vom Kassettenrekorder zu hören sind." Ich kann mich darauf verlassen, daß die Schüler das Nötige organisieren. Sie helfen, das Interesse meiner Schüler an dem Lesebuch wachzuhalten, sie beruhigen sie, richten die Aufmerksamkeit derjenigen, die sich abgewendet haben, wieder auf das Buch, und sorgen dafür, daß sie sitzen bleiben. Das klingt vielleicht sehr einfach, aber es kann sehr anstrengend sein, zehn behinderte Kinder beim Unterricht zusammenzuhalten. Ich habe erlebt, wie diese Schülertutoren für Normalität gesorgt haben und durch ihr Verhalten ihre Akzeptanz zum Ausdruck gebracht haben. Dadurch können sich meine Schüler wohl fühlen und sind eher bereit, am Unterricht teilzunehmen.

Die Schülertutoren lernen, ihre eigenen Bedürfnisse zurückzustellen, um anderen zu helfen, Neues zu versuchen. Sie alle verdienen meine Anerkennung für ihre Begeisterung und ihre Bereitschaft, für die Bedürfnisse behinderter Schüler dazusein.

Brain-Gym®: Sich bewegen, um besser zu lernen

Mit Hilfe der Schülertutoren konnte ich mit allen meinen Schülern einzeln Brain-Gym®-Übungen machen, was sonst nicht in diesem Umfang möglich gewesen wäre. Die Grundschüler lassen sich durch das vorbereitende Training für die Teilnahme gewinnen. Die Lehrer sind sehr an Brain-Gym® interessiert, wenn sie von dessen Wirksamkeit hören, und sie wollen die Übungen dann in ihren Klassen ausprobieren. Diesen Lehrern biete ich durch meine Kurse eine Einführung in Brain-Gym® an. Meine Schülertutoren erfahren dann in ihrer eigenen Klasse, wie und wann sie Brain-Gym® anwenden können, um Lesen, Schreiben, Rechtschreibung, Mathematik und allgemein ihre Testergebnisse zu verbessern. Diese Grundschüler sind als Tutoren besonders geeignet, da sie Brain-Gym® und dessen positives Veränderungspotential bereits kennen. So kann ich ihnen leicht die besonderen Abwandlungen der Übungen beibringen, die für die individuelle Arbeit mit jedem einzelnen meiner Schüler erforderlich sind.

Im zweiten der beiden bisherigen Schuljahre hatte ich das Glück, daß zwei Lehrerinnen von fünften Klassen, Pat und Coralyn, mit ihren Schülern Brain-Gym®-Übungen machten und begeistert waren, daß ihre Schüler am Tutorenprogramm teilnehmen konnten. Jeden Morgen zu Unterrichtsbeginn kamen aus jeder der beiden Klassen zwei Schüler für eine halbe Stunde zu mir.

Die Tutoren führen zunächst leise für sich das „PACE"-Programm durch. Die Abkürzung PACE setzt sich zusammen aus den Anfangsbuchstaben der Wörter positiv, aktiv, *clear* (klar) und energetisch. Das PACE-Programm besteht aus vier einfachen Brain-Gym®-Übungen, die weiter unten beschrieben werden und die den Tutoren helfen, auf ihr eigenes Wohlbefinden und ihre Konzentration zu achten, und die sie darauf vorbereiten, daß sie meinen Schülern ihre volle Aufmerksamkeit schenken. Ziel von PACE ist, daß jeder Schüler und jede Schülerin zum eigenen Rhythmus findet. Sobald die Tutoren „in PACE" sind, weiß ich, daß ich mich auf ihre Hilfe und auf ihre Präsenz verlassen kann und mir keine Sorgen machen muß, sie könnten Chaos oder Unruhe verursachen.

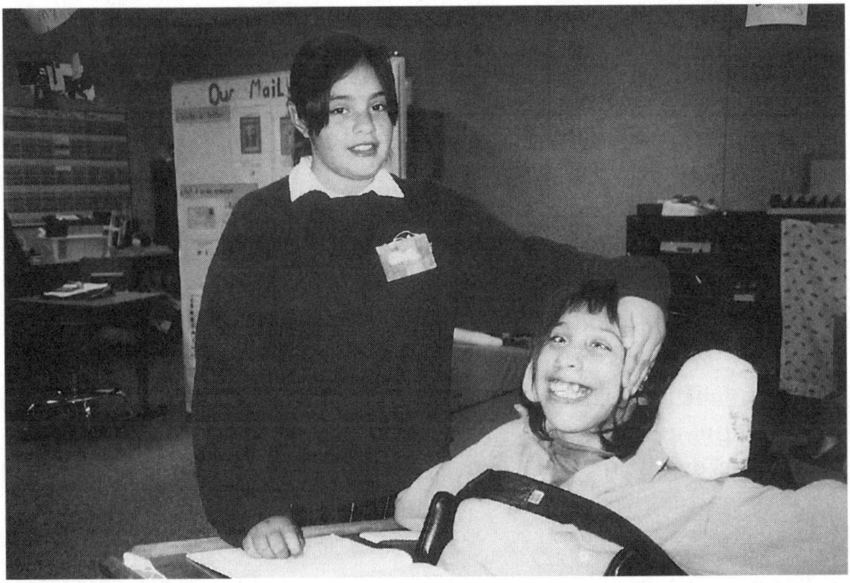

Eine Tutorin hilft Youana bei ihrer Hausaufgabe: Bäume und Pflanzen richtig zuordnen.

Jeder Tutor bekommt einen Schüler zugewiesen, so daß ich mir mit den erwachsenen Assistenten die übrigen Schülern einzeln vornehmen kann. Nach dem PACE begrüßen die Tutoren ihre Schüler und machen mit ihnen ebenfalls die vier Teile von PACE, natürlich mit den notwendigen Abänderungen:

1. Wasser trinken

Damit das Gehirn und das gesamte Nervensystem gut arbeiten und lernen können, brauchen sie zunächst genügend Wasser. Alle „elektrischen" Signale, die das Gehirn mit dem übrigen Körper verbinden, sind abhängig von dem Ionenstrom, der durch den Hauptbestandteil des Körpers, das Wasser, ermöglicht wird. Streß und Anspannung gehen allgemein mit einem Wassermangel des Körpers einher. Wenn Schüler Schwierigkeiten mit dem Schlucken haben, muß die Wasserzufuhr vielleicht über einen Schlauch erfolgen, desgleichen bei den

Schülern, die über eine Magensonde ernährt werden (wobei ich hier selbst die nötigen Handgriffe ausführe).

2. Gehirnknöpfe aktivieren

In Abänderung der eigentlichen Brain-Gym®-Übung werden die Gehirnknöpfe hier vom Tutor ausgeführt, indem er eine Hand über den Nabel des Schülers legt, dann mit Zeigefinger und Daumen ein U bildet und damit die Punkte in den Winkeln zwischen Schlüsselbeinen und Brustbein stimuliert. Wegen ihrer Körperstarre oder unkontrollierter Muskelspasmen sind manche meiner Schülerinnen und Schüler einfach nicht in der Lage, ihre Arme und Finger gezielt zu bewegen. Die Gehirnknöpfe fördern die Koordination beim Sehen, wobei die Mittellinie des Körpers als Bezugslinie genommen wird, um rechts, links, oben, unten, hinten, vorne, innen und außen zu lokalisieren.

3. Überkreuzbewegungen

Die Schülerinnen und Schüler, die ihre Arme bewegen können oder deren Arme und Beine sich bewegen lassen, werden durch die Überkreuzbewegung geführt: Die Tutoren heben sanft einen Arm und das gegenüberliegende Bein und lassen so eine Bewegung in einem Überkreuzmuster entstehen. Bei den Schülern, deren Muskeln für eine derartige Übung zu starr oder spastisch sind, zeichnen die Tutoren ein großes X auf den Körper. Sie beginnen am Solarplexus (dem Zentrum des X) und streichen mit je einer ihrer eigenen Hände nach außen zu einer Hüfte und gleichzeitig zur gegenüberliegenden Schulter, um diese zu verbinden; sie wiederholen diese Bewegung in der anderen Diagonale und vervollständigen so das X. Damit werden die Hüft- und Schulterreflexe aktiviert und die Kern- und Haltungsmuskulatur stimuliert – Voraussetzungen für Gleichgewicht und aufrechte Haltung.

4. Hook-ups

Für den ersten Teil dieser Übung legt der Tutor einfach die Arme des Schülers über Kreuz über dessen Brust, als würde dieser sich selbst umarmen. Gleichzeitig werden die Fußknöchel übereinandergelegt. Diese Brain-Gym®-Haltung aktiviert das Gleichgewicht und richtet den Fokus wieder auf die für die Körperhaltung zuständige Rumpfmuskulatur. Damit wird das Gefühl der Stabilität im Raum erhöht, und der Körper wird sicher zentriert, so daß Bewegungen nach außen besser möglich sind. Im zweiten Teil der Übung hält der Tutor die verschränkten Finger meines Schülers zusammen.

◆

Während meine Schüler durch PACE geführt werden, kann ich beobachten, wie ihre Anspannung nachläßt und sie ruhig und entspannt dem Unterricht entgegensehen. Dann wird den Tutoren die nächste Brain-Gym®-Übung mit den notwendigen Modifikationen erklärt. Ich gebe den Tutoren Gelegenheit, selbst zu spüren, wie es ist, durch die Übungen geführt zu werden. Sie sollen über die körperliche Erfahrung kinästhetisch erfassen, warum sie die jeweilige Brain-Gym®-Übung mit meinen Schülern machen. Wenn zum Beispiel das Lernziel für eine Schülerin darin besteht, den Fokus ihrer Aufmerksamkeit zu stabilisieren, während sie mit Kneten und Ausschneiden beschäftigt ist, zeige ich den Tutoren, wie sie das bei dieser Schülerin mit einfachen Übungen zur Förderung der Konzentration – *Eule, Fußpumpe, Armaktivierung* – erreichen können.

Nach diesen Übungen hilft die Tutorin der Schülerin bei ihrer Aufgabe. Durch die Brain-Gym®-Übung ist die Schülerin körperlich besser in der Lage, sich zu konzentrieren. Die anstehende Aufgabe ist dann das Mittel, um die gesammelte Aufmerksamkeit als neue Lernerfahrung zu üben. Ich wähle Aufgaben aus, die die Sinne ansprechen und ein Beitrag zur Verbesserung der Selbstachtung sein können, zum Beispiel Fingermalen, Fertigen von Gegenständen aus Pappmaché, Collagen mit Bildern aus Zeitschriften oder das Aufkleben von Watte für den Bart des Nikolaus. Die Ergebnisse können meine Schüler anschließend mit nach Hause nehmen und stolz ihren Eltern vorführen.

Roni (rechts) und Christina genießen den Zimtgeruch des Christbaumschmucks, während sie mit Hilfe einer Tutorin den Teig ausrollen und Formen ausschneiden.

Manchmal fühlt sich einer meiner Schüler zu stark stimuliert und wird unruhig oder schreit. Dann bitte ich die Tutoren, ihn mit Worten zu trösten und dabei eine *Liegende Acht* auf seinen Arm oder sein Bein zu zeichnen. Die Liegende Acht (das Unendlichkeitszeichen) wirkt als taktile Erfahrung sehr beruhigend. Sie verhilft zu einem Gefühl der Balance und des Gleichgewichts, da sie die laterale Integration widerspiegelt, die für Augen Ohren, Gehirnhälften – praktisch für alle neurologischen Systeme – nötig ist. Dieser Kontakt bewirkt meist eine Beruhigung, so daß meine Schüler dann an ihre Aufgabe zurückgehen können. Manchmal sind Schüler jedoch einfach nicht mehr in der Lage, eine weitere Stimulation zu ertragen. Dann helfe ich der Schülerin oder dem Schüler aus dem Rollstuhl, dem Stützgerät oder dem Stuhl, lege sie auf den Boden (auf eine Matte) und bitte einen Tutor, die *Positiven Punkte* zu halten. Diese Punkte auf der Stirn zu halten wirkt sehr beruhigend, da es die Energie ins Vorderhirn bringt, von dem das rationale Denken ausgeht.

Eine Tutorin bringt Roni mit sanftem Nachdruck dazu, sich auf ihre Aufgabe zu konzentrieren.

Bei meinem Lernmodell wird nie etwas erzwungen. Der Schüler selbst ist der Lehrer, das heißt er führt, indem er dem Erwachsenen oder dem Tutor über Lautäußerungen oder Körpersprache sein Bedürfnis mitteilt. Dieser Gedanke ist für die Tutoren oft neu, denn sie sind es gewöhnt, daß man von ihnen erwartet, eine Aufgabe zu beenden. Sie fragen mich dann besorgt nach der jeweiligen Aufgabe, die sie doch mit meinem Schüler zu Ende bringen sollten.

Manchmal sind die Schülertutoren nicht sicher, ob sie es schaffen, einen Schüler zu beruhigen, oder sie fragen mich, wie sie Gefühle berücksichtigen sollen, wenn der oder die Betreffende nicht sprechen kann. Wir besprechen solche Fragen im vorbereitenden Training, aber es ist natürlich ein Unterschied, ob man nur darüber spricht oder der Situation ausgesetzt ist. Ich erinnere die Tutoren dann daran, daß es viele verschiedene Möglichkeiten des Ausdrucks gibt. Ich schlage ihnen vor, sie sollten der Schülerin genau ins Gesicht sehen, um ihre Stimme zu „hören", auch wenn sie ohne Worte spricht, und sich vorstellen, was die Körperbewegungen ausdrücken sollen. Meist verstehen die Tutoren, was ich meine, und können erfolgreich beruhigen. Ich war immer sehr erstaunt, wenn ich diese Interaktion beobachtete. Ich fand es wunderbar zu sehen, wie aufrichtig besorgt die Tutoren um meine Schüler waren. Die Lehrer berichten mir, daß bei den Schülern, die als Tutoren arbeiten, im Lauf der Zeit Veränderungen auf einer sehr tiefen Ebene stattfinden.

Lernfortschritte anerkennen – bei sich selbst und bei anderen

Ich erinnere mich noch lebhaft daran, wie ich zum ersten Mal mit einer Gruppe von sechs Schülertutoren eine *Brain-Gym®-Balance* machte. Diese Balance läßt sich schnell und einfach durchführen und besitzt alle Elemente einer idealen Lernerfahrung. Die Balance hilft, ein gewähltes Ziel besser zu erreichen. Die Schüler sollten sich jeder eine Ganzkörperbewegung ausdenken, die sie gerne besser beherrschen würden. Sie waren ganz aufgeregt und übten Radschlagen, Seilspringen, Ballspielen und anderes. Dann machten wir zusammen die *Dennison-Lateralitätsbahnung.*

Die Dennison-Lateralitätsbahnung beinhaltet eine Reihe wirklich einfacher Übungen, durch die beide Seiten des Körpers koordiniert werden, so daß man die Mittellinie des Körpers besser überkreuzen kann. Beim Überkreuzen der visuell-auditiv-kinästhetischen Mittellinie wird die natürliche Entwicklung des Kleinkinds in der Kriech- und Krabbelphase simuliert; es fördert die Gehirnaktivität und die Koordination des ganzen Körpers.

Nach der Dennison-Lateralitätsbahnung wiederholte jeder Schüler die vorher trainierte sportliche Übung. Die Tutoren waren erstaunt, wie anders sie sich dabei fühlten und daß ihre Leistungen deutlich besser waren. Und ihre Kommentare: „Wow! Ist das cool!" Da sie nur noch zehn Minuten Zeit hatten, bis sie in ihre Klassen zurück mußten, ließ ich ihnen diese Zeit zur freien Verfügung. Zu meiner Überraschung stellten sie sich in einer Ecke in einer Reihe auf und übten Radschlagen, machten dann die Dennison-Lateralitätsbahnung gemeinsam und anschließend noch einmal Radschlagen. Sie quietschten vor Vergnügen und spendeten Beifall, während sie beobachteten, wie die einzelnen Übungen immer besser gelangen.

Als die Tutoren am nächsten Tag wiederkamen, nannte ich ihnen die von mir für jeden meiner Schüler ausgewählten Ziele, die vom jeweiligen Leistungsstand abhängig waren. Für Casey nannte ich beispielsweise als Ziel „schlucken lernen". Wenn er das konnte, würde er auch seine Gesichts- und Halsmuskeln besser steuern und sich wohler fühlen. Außerdem überlegte ich mir, daß dann weniger Speichel fließen und er einen besseren Eindruck auf Neuankömmlinge machen würde. Mit den Tutoren entwickelte ich dann diverse Modifikationen der Dennison-Lateralitätsbahnung, damit Casey und die anderen Schüler an der Übung beteiligt werden konnten. Wir übten, ein X von jeder Hüftseite zur gegenüberliegenden Schulter zu zeichnen und dabei den Sehsinn zu beteiligen, um das autonome Nervensystem für die Ganzkörperbewegung zu stimulieren. Die Begeisterung, mit der die Tutoren die Lernziele für meine Schüler verfolgten, war fast so groß wie bei ihren eigenen Übungen am Tag zuvor.

Mit Casey machten wir die Dennison-Lateralitätsbahnung weiterhin täglich. Da Caseys Lernziel Schlucken hieß, trugen wir in eine fortlaufende Liste ein, wie lange Casey schlucken konnte und wie lange somit kein Speichel floß. Vom ersten Tag an waren die Tutoren begeistert, wenn sie unmittelbar sahen, welches Ergebnis Casey mit der Dennison-Lateralitätsbahnung erzielte. Nach dieser fünfminütigen Übung schaffte es Casey an manchen Tagen bis zu 25 Minuten. Die Dennison-Lateralitätsbahnung vollbringt keine Wunder, und Caseys Speichelfluß konnte damit nicht völlig gestoppt werden, und dennoch bin ich erstaunt, daß eine derart einfache Übungsreihe Casey zum Schlucken verhilft. Vielleicht läßt sich mit regelmäßiger Anwendung der Brain-Gym®-Übungen die Dauer der Phasen, in denen er schluckt, weiter verlängern.

Draußen in der Welt

Während meine Schüler einige Zeit mit ihren Tutoren aus der fünften Klasse verbringen, kann ein Mädchen aus meiner Klasse jetzt zusätzlich einige Stunden in die Grundschule gehen. Nancy, Lehrerin in einer dritten Klasse, hat sich bereiterklärt, Roni für zwei Stunden täglich in ihre Klasse zu integrieren. Diese Zeit ist für Roni sehr bedeutsam, denn sie lernt hauptsächlich durch Imitation.

Zur Erinnerung: Roni kannte nur etwa sechs Wörter (meist im Zusammenhang mit Angst), als sie vor zwei Jahren in meine Klasse kam. Jetzt kann sie vollständige Sätze sagen, sie spricht nach, was sie hört, aber sie kann auch ein einfaches Gespräch mit Wörtern aus ihrer Erinnerung führen. Die Drittkläßler sind über Ronis Anwesenheit erfreut und haben ihr in der ganzen Zeit häufig Gelegenheit geboten, ihr Vokabular und ihr Wissen zu erweitern. Ihre Lehrerin ist der Meinung, daß Ronis Anwesenheit auch ihren Schülern viel bringt. Nancy erklärt, daß ihre Schüler Geduld und Mitgefühl lernen und außerdem Erfahrung sammeln, wie sie jemanden mit weniger Fähigkeiten anleiten können.

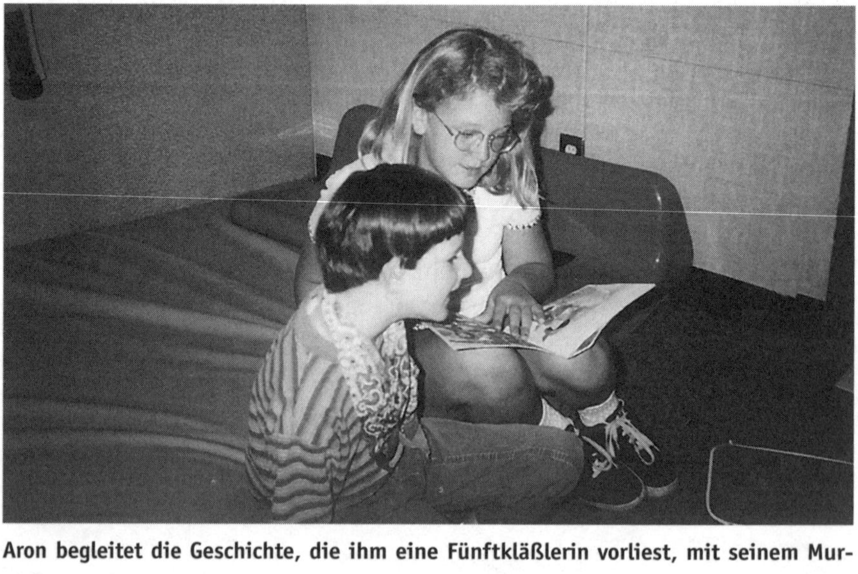

Aron begleitet die Geschichte, die ihm eine Fünftkläßlerin vorliest, mit seinem Murmeln.

Insgesamt bietet das Konzept der Tutoren nicht nur den behinderten Schülern Vorteile, sondern auch den Grundschülern. Wenn Schüler aus beiden Schulen zusammenkommen, lernen sie, die eigenen Gefühle und Fertigkeiten ebenso wie die anderer zu akzeptieren. Mit der Zeit lernen die Tutoren, sich besser zu konzentrieren und ihre Wahrnehmungsfähigkeit zu steigern. Ihre Fähigkeit, präsent zu sein, das heißt, in sich zu ruhen und sich in ihrer Umgebung sicher zu fühlen, wächst oft enorm. Diese jungen Leute sind dann in der Lage, im wahrsten Sinne des Wortes zu dienen. Sie können ihre Präsenz auf die behinderten Schüler übertragen und die Arbeit mit ihnen auch noch genießen. Im Endeffekt haben dann alle Freude am Lernen.

Und die gemeinschaftliche Arbeit macht nicht nur Freude, sie ist auch durchgehend erfolgreich. Uns Lehrern und den Eltern wurde klar, daß durch die Zusammenarbeit der beiden Gruppen jedem Kind ständig Gelegenheit geboten wird, Neues zu lernen.

Kapitel 5

Vorrangige Entwicklungsziele auswählen

Im ersten Lebensjahr beobachten die Eltern anerkennend jeden Lernfortschritt ihres Kindes und unterstützen das Lernen durch ihr Feedback. Sie sprechen mit ihrer Tochter, lächeln mit ihr, zeigen auf ihre Nase, spielen mit Fingern und Zehen, lassen sie verschiedene Geschmacksrichtungen und Gerüche ausprobieren und verschiedene Gegenstände ertasten. Die Kinder in meiner Klasse sind in gewisser Weise wie Kleinkinder in einem großen Körper. Um etwas zu erreichen, muß ich also herausfinden, wo sie in ihrer Entwicklung stehen, und mich um ihre Bedürfnisse kümmern, die die eines Kleinkinds sind. Dabei geht es vor allem darum, körperbezogene Fertigkeiten wie die Integration der visuellen, auditiven und motorischen Koordination weiterzuentwickeln. Deshalb muß ich bei jedem Kind auch auf kleinste Bedürfnisse achten und aktiv und spontan reagieren. Die folgende Geschichte beschreibt diesen sanften Prozeß, in dem nichts erzwungen wird.

Aron: Die Welt entdecken

Als ich Aron zum ersten Mal sah, war er acht Jahre alt und immer in Bewegung. Er konnte selbständig laufen, aber er konnte keine Wörter aussprechen und tat nichts, um seine Bedürfnisse oder Wünsche auszudrücken. Aron schien in seiner kleinen Welt zu leben und sich nur in ihr zu bewegen. Er nahm zu niemandem Kontakt auf und schien sich auch seines eigenen Körpers nicht bewußt zu sein.

Bei Aron wende ich, wie bei den übrigen Kindern, Brain-Gym® und andere sensomotorische Übungen an, um bestimmte Schlüsselfunktionen anzusprechen, die Voraussetzung dafür sind, daß er sich in der Welt zurechtfindet. Mein Wissen dazu stammt aus der Edu-Kinestetik-Literatur über die Entwicklung des Gehirns und deren Beziehung zu den drei Dimensionen der Bewegung, die ich nachfolgend erläutere:

Dimension der Fokussierung: „Wo befinde ich mich im Raum?"

Diese Dimension umschließt:

- die Erfahrung von Bewegung als Reaktion auf eine Stimulation der Sinne, zum Beispiel durch Licht, Geräusche, Geruch oder Feuchtigkeit
- das Gefühl von Sicherheit im eigenen Körper
- Körpererfahrung über Bewegung durch die Aktivierung der Muskelpropriozeptoren, sozusagen die „Gehirnzellen" in den Muskeln, die Meldungen über die Lage des Körpers (und aller seiner Glieder) im Raum an das Gehirn weitergeben
- die Erfahrung von Entspannung und entsprechend die Beherrschung der Muskulatur für den Ruhezustand, für das Sitzen, Stehen und Gehen und andere Bewegungen, ohne eine Aktivierung von Reflexen
- ein Gefühl für die eigenen körperlichen Grenzen.

Dimension der Zentrierung: „Wo bin ich *in Bezug zu anderen Menschen oder Gegenständen?"*

Diese Dimension umschließt:

- ein Gefühl der Balance und des Gleichgewichts
- die Fähigkeit, die eigene Größe und das eigene Gewicht im Raum zu erfahren
- die Fähigkeit, das Körperzentrum als Referenzpunkt für die Richtungen *oben, unten, hinten vorne, links, rechts, innen, außen* zu spüren
- ein Gefühl für das eigene Innere und die Fähigkeit, Gefühle und Empfindungen unter Kontrolle zu halten und als die eigenen zu erkennen
- ein Gefühl der Verbundenheit mit der äußeren Welt.

Dimension der Lateralität: „Wer bin ich?" und „Was ist das?"

Diese Dimension umfaßt:

- die Fähigkeit, beide Seiten des Körpers zu koordinieren
- die Fähigkeit, beide Augen zusammen im visuellen Mittelfeld zu benutzen
- die Fähigkeit, einem Objekt mit den Augen quer über die Mittellinie des Körpers zu folgen *(tracking)*
- die Fähigkeit, visuelle Eindrücke mit auditiven, taktilen und Gleichgewichtsinformationen zusammenzubringen
- die Fähigkeit, Augen und Hände koordiniert zu gebrauchen
- die Fähigkeit, Klänge/Laute/Geräusche zu unterscheiden, um auditive Informationen aufzunehmen und zu verarbeiten
- die Neugier auf die Unterschiede zwischen Menschen und Gegenständen
- Beherrschung von Sprache (sowohl zum Sprechen als auch zum Denken), um Bedürfnisse und Eindrücke zu beschreiben.

Ich muß zunächst bestimmen, was ein Kind aktuell für seine Entwicklung braucht, so daß ich es unterstützen kann, damit es den nächsten Lernschritt wirklich vollständig macht. Da die meisten Kinder in meiner Klasse beständig mit Fokussierung und Zentrierung beschäftigt sind – mit ihrer Sicherheit, ihrer räumlichen Orientierung, mit Balance und Gleichgewicht – ist mein erstes Ziel, sie auf diesen primären Ebenen der neurologischen Entwicklung zu unterstützen.

Aus meiner Arbeit mit Edu-Kinestetik und Brain-Gym® weiß ich, wie wichtig die Bedürfnisse des Kindes im Bereich der Bewegung sind. Ich beginne mit den Grundübungen, um das Bewußtsein des Kindes für sein eigenes Gewicht, die Form seines Körpers und seine Bewegung zu stärken – wir könnten dabei von posturaler (haltungsbezogener) und räumlicher Bewußtheit sprechen. Wenn ich zum Beispiel Aron beobachtete, spürte ich, daß er als erstes lernen mußte, seinen Körper zu fühlen und die Beziehung von Kopf und Gliedern zu den posturalen Kernmuskeln im Körperzentrum wahrzunehmen.

Ich begann mit den *Energieübungen*, um Arons Gespür für Zentrierung zu stärken – sein Bewußtsein für sein eigenes Inneres und für seine

Verbundenheit mit der äußeren Welt. Mit den *Gehirnknöpfen* stimulierte ich seine visuelle horizontale Orientierung. Die *Erdknöpfe* konnten ihm dazu verhelfen, seine Oben-unten-Mittellinie und damit das Zentrum seines Körpers in bezug auf die Vertikale wahrzunehmen. Es dient als zentrale Bezugslinie für alle Auf-und-ab-Bewegungen, wie zum Beispiel Sitzen, Hocken, Aufrechtstehen, auf den Zehenspitzen stehen, und auch für die subtilen Bewegungen wie Atmen, Schlucken und Ausscheiden. Die *Raumknöpfe* sollten Aron die Bewegung und die Balance im Raum besser spüren lassen und außerdem die Beziehung zwischen Kopf und Rumpf.

Zunächst war Aron nicht bereit, darüber hinaus weitere Übungen zu machen, da er für sich bleiben wollte und sich selbst mit seinen zwei ausgewählten Spielsachen sensorisch betätigte. Er reagierte noch immer sehr empfindlich auf Berührungen. Erst im Verlauf von Monaten konnte ich langsam weitere Übungen einführen. Ich beobachtete sehr genau, mit welcher der drei Dimensionen Aron Probleme hatte und mit welchen Übungen sich dies am besten ausgleichen ließ. (Siehe Tabelle Seite 91)

Für meine Beobachtung verwendete ich eine wiegende Bewegung. Ich saß auf dem Boden, Aron zwischen meinen ausgestreckten Beinen, und wiegte mich dann mit ihm nacheinander in alle drei Richtungen und achtete jeweils auf Arons Reaktion. Wenn er Schwierigkeiten hatte, sich mit mir in eine bestimmte Richtung zu wiegen, machte ich mit ihm Brain-Gym®-Übungen aus der entsprechenden Kategorie. Anschließend war noch einmal Wiegen an der Reihe, und ich achtete auf Verbesserungen. Mit Worten und taktil teilte ich Aron dann mit, daß ich zufrieden war mit dem, was er gelernt hatte.

Anhand der Tabelle kann ich entscheiden, welche Kategorie von Brain-Gym®-Aktivitäten die Schülertutoren oder ich mit Aron machen sollten. Mit der Zeit akzeptierte Aron jede Übung, die ich vorschlug, und so lief ein bedeutender Anteil unserer Kommunikation in Form von Brain-Gym®-Übungen ab. Ich war überrascht und begeistert, als sich Aron eines Tages auf dem Spielplatz ohne einen Anstoß von mir auf die Schaukel setzte und sagte, was *ich* sonst immer sagte: „Schaukeln macht Spaß!" Aron hatte enorme Fortschritte gemacht: Zunächst hatte er nur in seiner eigenen Welt für sich bleiben wollen, jetzt hatte er entschieden, daß er schaukeln wollte, er hatte gelernt, seine Füße zu heben, und konnte damit auch schaukeln. Und er imitierte sogar, was ich gesagt hatte!

Immer wenn Aron die *Erdknöpfe* gemacht hat, wird er gehalten und erfährt so seinen Körper aufrecht in der Schwerkraft.

Absender: ____________________

____

____

Beruf: ____________________

Telefon: ____________________

Telefax: ____________________

Bitte informieren Sie mich über
Seminare mit Brigitte Haberda

Ich bitte um Zusendung

des aktuellen VAK-Verlagsprogramms (kostenlos)

des aktuellen X-Sachen Katalogs (Unterrichtsmaterialien, Gesundheit, pädagogische Spiele)

des IAK-Kursprogramms (bitte mit 3,– DM frankierten A4 Rückumschlag beilegen)

Institut für Angewandte
Kinesiologie GmbH und
VAK Verlags GmbH

Eschbachstraße 5

D-79199 Kirchzarten
bei Freiburg

Die drei Dimensionen der Bewegung

Dimension	Wiegen	Brain-Gym®-Übungen
Fokussierung	**vorwärts – zurück**	**Längungsbewegungen**
Zentrierung	**auf – ab**	**Energieübungen**
Lateralität	**von einer Seite zur anderen**	**Mittellinien-bewegungen**

Die Dimension der Fokussierung umfaßt die Fähigkeit des Verstehens, das heißt Informationen eine Bedeutung zu geben; sie integriert den rezeptiven hinteren Teil und den expressiven vorderen Teil des Gehirns.

Die Längungsbewegungen helfen angespannte Muskeln und Sehnen zu lockern, die den Menschen zurückhalten und so Gehen, Laufen und andere körperliche Aktivitäten erschweren oder im umgekehrten Fall zu Hyperaktivität führen.

Die Dimension der Zentrierung umfaßt die Fähigkeit des Organisierens; der Informationsaustausch zwischen Hirnrinde und Hirnstamm sowie zwischen dem Kopf und dem restlichen Körper wird organisiert.

Die Energieübungen stellen die nach oben und unten durch den Körper führenden Nervenbahnen wieder her; dadurch werden Balance, Koordination und Gleichgewicht verbessert, die Springen, Hocken, Seilhüpfen, Hüpfen und andere Ganzkörperbewegungen ermöglichen.

Die Dimension der Lateralität umfaßt die ungehinderte Kommunikation zwischen der linken und der rechten Seite des Gehirns und deren Überkreuzverbindungen zur rechten und linken Seite des übrigen Körpers.

Die Mittellinienbewegungen stellen integrierte Muster für eine ungehinderte Bewegung über die Mittellinie nach beiden Seiten (rechts – links) wieder her; dazu gehört die Bewegung der Hände, die Drehung des Kopfes nach rechts und links, die Bewegung der Augen in das linke und rechte Sehfeld sowie die Bewegung der Beine beim Laufen.

Die Informationen zu dieser Tabelle stammen aus dem *Brain-Gym®-Lehrerhandbuch* (s. Literaturverzeichnis). Die zu den einzelnen Kategorien gehörigen Brain-Gym®-Übungen beschreibe ich im Anhang.

Als Arons Mutter ihn zu Paul Dennison brachte, der eine tiefergehende Balance durchführte, machte Aron einen weiteren großen Schritt vorwärts. Als Ergebnis einer einzigen Balance lernte Aron sofort aufmerksamer zu fokussieren. Sein Sehen und auch sein unzusammenhängendes Geplapper waren allmählich immer mehr auf das Spielzeug gerichtet, mit dem er gerade spielte. Er forderte auch zum ersten Mal zu einer nonverbalen Unterhaltung auf, indem er Augenkontakt suchte und sein Gesicht nahe an meines brachte, als wollte er einen Kuß haben. Einige Wochen nach der Balance sah ich Aron schweigend beim Schuldirektor stehen, so als hätte er gerade ein Gespräch mit ihm. Der Direktor wußte Arons schweigende Unterhaltung zu schätzen und blieb eine Weile neben ihm stehen. Später meinte er zu mir, daß er sehr stolz auf Aron sei, der diese Interaktion begonnen hatte.

Ein weiterer deutlicher Entwicklungssprung war bei Aron im Frühjahr unseres ersten gemeinsamen Jahres zu beobachten, nachdem wir begonnen hatten, täglich die Dennison-Lateralitätsbahnung in der Klasse durchzuführen (siehe Kapitel 4, S. 82, und weitere Informationen zur Dennison-Lateralitätsbahnung auf S. 196) Die Übersicht auf Seite 93 zeigt, daß Arons Erfahrung mit der Dennison-Lateralitätsbahnung durchaus vergleichbar ist mit den Erfahrungen anderer Lernender in einem anderen Umfeld.

In der letzten Zeit (ein Jahr später) höre ich oft, wie Aron beim Spielen summt. Seine Mutter beobachtet, daß er öfter etwas mit Worten zu sagen versucht oder daß er – und das ist sehr beeindruckend – einfache Aufforderungen befolgt, zum Beispiel: „Komm her“ oder „Setz dich“. Er steigt auch ins Auto ein, wenn seine Mutter ihn dazu auffordert. Er folgt sofort, wenn ich ihn auf dem Spielplatz aus einer Entfernung von fünf oder mehr Metern rufe. Das alles zeigt, daß Aron nicht mehr so stark in seiner eigenen Welt gefangen ist, sehr zur Freude seiner Mutter.

Bei der Arbeit mit Aron lege ich sehr viel Wert darauf, seine Fähigkeiten und seine Bereitschaft zu Wachstum und Lernen anzusprechen und ihm dann zu verstehen zu geben, was ich für ihn als nächsten Schritt vorgesehen habe. Ich hoffe für Aron, daß seine Sprache verständlicher wird, damit er seine Bedürfnisse und Wünsche besser ausdrücken kann. Während er lernt, zu den Menschen seiner Umgebung Kontakt aufzunehmen, läßt sich erfreulicherweise feststellen, daß sein

Interesse an der Außenwelt durch jeden Augenkontakt seinerseits gestärkt wird.

Die Wirkungen der Dennison-Lateralitätsbahnung

VORHER	NACHHER
Kreuzen der Mittellinie erforfert bewußte Anstrengung; Dominanz des Sprachhirns.	Kreuzen der Mittellinie und Arbeiten im Mittelfeld werden automatisch; Dominanz der Gestalthälfte.
Das Sprachhirn bemüht sich.	Das Sprachhirn wählt.
Die Gestalthälfte reagiert reflexhaft.	Die Gestalthälfte antwortet.
Rechte und linke Hälfte streiten eventuell um die Dominanz.	Rechte und linke Hälfte befinden sich in kooperativer Balance.
Lernende verarbeiten Informationen ohne einen Bezugsrahmen.	Lernende verarbeiten Informationen innerhalb eines Bezugsrahmens.

(Aus: *Brain Gym® Handbook, an Edu-K course manual,* 1989)

Lindsey: Die angeborenen Begabungen wiedererwecken

Manchmal kommt mitten im Jahr eine neue Schülerin zu uns; Lindsey, eine hübsche Neunjährige, kam im April. Sie war in der Grundschule, die sie ursprünglich besucht hatte, als besonders begabt eingestuft und für ein Begabtenförderprogramm ausgewählt worden. Im Dezember des Vorjahres war Lindsey wegen ihres sehr hohen Blutdrucks in Behandlung gewesen und erlitt dann im Bereich des linken Schläfen- und Scheitelhirns einen Infarkt, nach dem sie fast vier Wochen im Koma lag. Als sie wieder erwachte, blieb sie noch einige Zeit in einem teilweise komatösen Zustand, in dem sie immerhin einige eingeschränkte motorische Funktionen ausführen konnte: Sie konnte die Hand ihrer Mutter drücken oder zum Essen den Mund öffnen, aber sie konnte nicht einmal einfachste Anweisungen befolgen.

Die Ursache für Lindseys Bluthochdruck war Nierenversagen gewesen, das vielleicht auf eine über Jahre unentdeckte Infektion zurückzuführen war. Ihre Eltern waren immer wieder mit ihr beim Arzt gewesen, aber man hatte ihnen gesagt, Lindseys Symptome seien normal. Für die Eltern war es ein ungeheurer Schock, daß ihr Kind, das in eine Begabtenprogramm aufgenommen werden sollte, plötzlich nicht mehr laufen oder sprechen, nicht mehr selbständig essen, sich waschen oder zur Toilette gehen konnte.

Seit ihrem Schlaganfall hatte Lindsey nicht genügend Kraft, um aus dem Bett aufzustehen, und beim Gehen benötigte sie ein Stützgerät. Ihre Mutter Kim sagte zu mir: „Es kommt mir so vor, als wären die Stromkabel in ihrem Gehirn um die Hälfte reduziert." Wegen ihrer ausgedehnten sensorischen Desorganisation hatte Lindsey bereits viele Therapeuten aufgesucht. Sie war nach dem Koma auch einige Wochen zur Rehabilitation im Krankenhaus gewesen und hatte mit Beschäftigungs-, Spiel-, Körper- und Sprachtherapeuten gearbeitet. Ihre Krankenakte verwies darauf, daß es bei ihrer Rehabilitation vor allem um den Bereich des Wahrnehmens von Sinnesreizen ging.

Während ihrer Rehabilitationszeit im Krankenhaus hatte Lindsey Laufübungen mit Unterstützung zur körperlichen Kräftigung gemacht; Zungen- und Mundübungen sollten ihre Sprache stimulieren; Musikhören und Imitation von Tönen sollten ihr auditives Vermögen stär-

Zwei gleichaltrige Tutoren helfen Lindsey, während sie vorsichtig lernt, auf dem Therapieball zu hüpfen.

ken, das Spiel mit verschiedenen Materialien die taktile Sensibilität erhöhen. Außerdem wurde sie in Decken eingewickelt, um die Propriozeption in den Muskeln wieder zu wecken.

Wenn ich Lindseys unorganisiertes Verhalten und ihre unterdrückten Fähigkeiten berücksichtigte, war klar, daß bei ihr zunächst die Dimension der Zentrierung wiederhergestellt werden mußte – das Gefühl der Stabilität des aufrechten Körpers, das durch den Schlaganfall verlorengegangen war. Meine Erfahrungen mit Lindsey zeigen einige der Möglichkeiten auf, wie Brain-Gym® und weitere Techniken der Edu-Kinestetik unter Berücksichtigung der Einschränkungen eines Kindes eingesetzt werden können.

Als Lindsey zu mir kam, war sie körperlich sehr schwach, litt unter einer starken sensorischen Desorganisation und konnte nicht sehen (kortikale Blindheit). Sie konnte nicht sprechen und nur unter Einsatz allen Mutes laufen. Bei kortikaler Blindheit sind die für das Sehen nötigen Mechanismen im Auge und im Gehirn noch funktionsfähig. Das heißt also, daß bei Lindsey eine Chance bestand, daß sie vielleicht wieder sehen könnte.

Nachdem ich die Krankenberichte gelesen und mit Lindseys Mutter den individuellen Entwicklungsplan durchgesprochen hatte, wußte ich intuitiv, daß Lindsey in meiner Klasse gut aufgehoben war und daß ich mit Brain-Gym® die Fähigkeiten fördern konnte, die trotz ihrer Erkrankung entwicklungsfähig waren. Ich verstand mich sehr gut mit Kim. Ich erklärte ihr, daß Brain-Gym® für mich ein Werkzeug war, das Menschen beim Lernen unterstützt und ihnen hilft, wieder in einen natürlichen Zustand zurückzukehren, in dem Lernen geschehen kann. Und ich betonte, daß ich sehr interessiert war herauszufinden, welche Fortschritte bei Lindsey durch die Brain-Gym®-Übungen möglich wären. Kim war gerne bereit, mich zu unterstützen.

Zunächst machte ich mit Lindsey täglich sensorische Übungen, ähnlich wie sie sie bereits aus der Rehabilitation kannte. Und ich ging von einem Lernmodell aus, das auf Entwicklung ausgerichtet war: Ich begann mit dem, was Lindsey beherrschte. Sie spielte gerne mit Reis und konnte das auch ohne Hilfe. Ich begann damit und hoffte, daß ich sie dann zu anspruchsvolleren Tätigkeiten überreden könnte.

Ich füllte für Lindsey einen Behälter von etwa 40 mal 80 Zentimeter mit Reis und setzte zusätzlich Wasserspielzeug hinein. So hatte sie einen Bereich für sich, wo sie ihr taktiles Empfinden und gleichzeitig ihr Gehör trainieren konnte. Lindsey genoß die wohltuende Berührung mit dem Reis, sie liebte das leichte Knistern und den Geruch von Reis. Ich half ihr, den Reis von einer Hand in die andere zu schütten, und übte so motorische Überkreuzmuster mit ihr. In dieser Zeit saß ich auch oft neben ihr und malte langsam ein X über ihren Rücken, indem ich jede Schulter mit der entgegengesetzten Hüfte verband. Bereits nach einer Woche konnte ich Lindsey weitere Übungen mit taktilem und sensorischem Feedback anbieten, sie spielte mit getrockneten Bohnen und hantierte mit angefeuchtetem Mehl und Salzteig.

Wenn ich beobachtete, wie Lindsey sich von ihrer Reiskiste wegbewegte, erschienen mir ihre Bewegungen oft zögernd und mühsam. Ihr Empfinden für ihre Körperbewegungen im Raum war eingeschränkt, was zweifellos auf den Verlust ihrer Sehkraft zurückzuführen war. Sie steuerte jede Bewegung mit großer bewußter Anstrengung, und das wirkte sich negativ auf ihre Koordination aus. Ihre Ganzkörper-Bewegungsreflexe schienen verloren, ebenso die Kontinuität ihrer Bewegungen, die durch die rechte Gehirnhälfte, das Hinterhirn und das autonome Nervensystem gesteuert wird.

Da Lindsey einen ganzen Monat im Koma gelegen hatte, war auch ihr Muskeltonus sehr niedrig. Es fiel ihr sehr schwer, aus dem Ruhezustand ihres Körpers heraus aktiv zu werden, wahrscheinlich weil ihre Muskeln noch sehr schwach waren. Wenn sie saß, wollte sie sitzen bleiben. Und wenn sie stand oder saß, bewegte sie sich nicht und schien dabei immer wieder über ihre Umgebung nachzudenken und sich jede mögliche Bewegung zu überlegen, anstatt sich an irgend etwas zu beteiligen.

Ich beschloß, Lindsey Brain-Gym®-Übungen und sensorische Erlebnisse anzubieten, damit sie besser alleine stehen konnte und die Übergänge zwischen Sitzen und Gehen besser bewältigte. Diese Übergänge von der Mobilität in einen statischen Zustand und umgekehrt konnten nur koordiniert werden, wenn Lindsey ihre Bewegungen wahrnahm. Die Rezeptoren in der Haut, den Gelenken und den Muskeln informieren das Gehirn ununterbrochen über den Spannungszustand der Muskeln und über die relative Stellung der Körperteile zueinander; daraus entsteht unser Gefühl für Haltung, Gleichgewicht und räumliche Orientierung. Lindseys ehemals gute schulische Leistungen ließen den Schluß zu, daß sie früher eine gute laterale Integration erreicht hatte, und so entschied ich mich als erstes für die *Überkreuzbewegung* aus Brain-Gym®. Paul Dennison hatte sich mit der Arbeit von Doman und Delacato an Überkreuzmustern beschäftigt und entdeckt, daß die *Überkreuzbewegung* sehr wirksam ist, wenn sie die rezeptive wie auch die expressive Hemisphäre des Gehirns stimuliert und Lernen mit dem ganzen Gehirn fördert. Kim und ich boten Lindsey diese Übung an, da wir wußten, daß wir mit viel Geduld zumindest kleine Fortschritte beim Wiedererlernen ihrer Fertigkeiten erwarten konnten.

Ich achtete sehr darauf, daß Lindsey einen sicheren, abgegrenzten Bereich für sich hatte, wo sie ihre neuen Herausforderungen ausprobieren und ihre Einschränkungen erfahren konnte. Sie verbrachte Zeit im Therapieraum der Schule, wo sich große Bälle, Balken zum Balancieren und Schaukeln befanden, so daß sie ihre Beweglichkeit trainieren konnte. Ich gab ihr die Erlaubnis und auch oft Gelegenheit, unser Klassenzimmer zu erkunden, so daß sie sich mit der Zeit unabhängig darin umherbewegen konnte.

Vor ihrer Hirnverletzung war Lindsey ein aufgewecktes, unabhängiges Mädchen mit einem starken Willen gewesen. Dies wurde deutlich, als ich mit einigen ihrer früheren Lehrer sprach, und ich wußte diese Willensstärke zu schätzen, als Lindsey sie für ihre Gesundung einsetzte. Und sie erholte sich in derartig kurzer Zeit, daß die Ärzte es für kaum glaublich hielten. Lindseys Eigenwilligkeit konnte anstrengend sein, wenn sie in die falsche Richtung ging, aber wenn ich Brain-Gym®-Übungen mit ihr machte, schmolz ihr Widerstand einfach dahin. Langsam fühlte sie sich in ihrem Körper wohler und war bereit, auch Aufgaben anzugehen, die sehr anstrengend für sie waren.

Ein Beispiel: Als ich Lindsey eines Tages bat, sich hinzusetzen und eine Geschichte anzuhören, brachen ihre Wut und ihre Frustration über dieses „neue Leben“ aus ihr heraus. Da sie sich nicht mit Worten ausdrücken konnte, leistete sie mit ihrem ganzen Körper Widerstand und stieß dabei wütende, knurrende Laute aus. Ich hatte geplant, daß die ganze Gruppe der Geschichte zuhören und dann ein dazu passendes Lied singen sollte. Lindsey wollte nicht mitmachen, und als ich sie noch einmal aufforderte, sich zu der Gruppe zu setzen, drückte sie mich gegen die Wand, griff an den Kragen meine Bluse (in Höhe der Kehle), zog sie um meinen Hals zusammen und knurrte mich drohend an.

Einer der anderen Schüler wurde sehr unruhig und sagte: „Lehrerin nicht schlagen! Lindsey, nicht schlagen Lehrerin!“ Obwohl ich erschrocken war, ließ ich meiner Stimme nichts anmerken und sagte dem Schüler, daß alles in Ordnung sei. Mit einfachen Worten erklärte ich, Lindsey bekomme nur gerade propriozeptive Informationen (und beruhigte damit auch mich selbst), und sie wolle mich nicht verletzen. Ich wollte Lindsey ein Gefühl der Sicherheit geben, indem ich ruhig blieb und jede übertriebene Reaktion vermied.

In diesem Augenblick kehrte Roni aus der Grundschule zurück, wo sie zur Integration die dritte Klasse besuchte. Da Lindsey mich noch immer gegen die Wand drängte, schaute ich zu Roni und fragte sie, wie es ihr gegangen war. Lindsey erkannte, daß sie mit ihrem Eigensinn nichts erreichen würde, und gab ihre Aggression sofort auf; sie ließ meine Bluse los und trat zurück.

Ein gewisser Eigensinn war bei Lindsey schon vor ihrer Krankheit vorhanden gewesen, und als sie wieder kräftiger wurde, zeigte sich diese Eigenschaft immer öfter. Ihre Aggression wurde offenkundig, und meiner Meinung nach sogar stärker, weil sie frustriert war, daß sie Dinge, die sie vorher beherrscht hatte, jetzt nicht mehr tun konnte. Ich sah meine Aufgabe als Lehrerin darin, ihre Art zu respektieren, ihr Wachstum und ihre Entwicklung zu lenken und sie dazu einzuladen, daß sie weiterhin wuchs und lernte. Das genannte Beispiel zeigt, wie ich Lindseys „verrücktes" Verhalten einerseits anerkannte, ihr andererseits aber ruhig zeigte, daß ein solches Verhalten nicht akzeptabel war, und ihre Energie in ein sozial anerkanntes Verhalten umlenkte.

Nach dem Zwischenfall ging ich zur Gruppe zurück und fuhr mit dem Unterricht fort. Lindsey hatte sich zu Boden fallen lassen, stand nach einiger Zeit auf und setzte sich zu uns. Es sah so aus, als höre auch sie der Geschichte zu. Während der Stunde zeichnete ich mit der Hand auf Lindseys Rücken die *Liegende Acht,* damit sie Augen, Nacken und Schultern entspannen konnte. Danach machte ich die *Denkmütze* mit allen Schülern im Kreis, indem ich ihre Ohren sanft nach hinten zog und ausfaltete. Das tue ich oft, damit sie besser zuhören. Als ich zu Lindsey kam, machte ich die *Denkmütze* gleichzeitig bei ihr und bei mir. Ich mußte mich entspannen und mich konzentrieren, damit ich mit der Gruppe weiterarbeiten konnte. Angesichts solch intensiver Gefühle und Verhaltensweisen einer Schülerin wurde mir wieder einmal klar, wie sehr ich Brain-Gym® schätze, weil es mir hilft, schnell Zentrierung und Erdung wiederzugewinnen. Und während ich mich zentrierte, sah ich, daß auch Lindsey ihr Zentrum fand.

Mit der Zeit konnte Lindsey wieder einen kleinen Ausschnitt sehen. Ihr visuelles Feld bestand zunächst nur aus einem schmalen Band direkt vor ihr. Um die Entwicklung ihrer kognitiven und sensorischen Funktionen zu beschleunigen, wollte ich mit ihr die Dennison-Lateralitätsbahnung machen, durch die eine bilaterale Integration erfolgt. Außerdem plante ich, mit ihr ein Sehtraining in Form edukinestetischer Balancen und Übungen durchzuführen. Lindsey hatte jedoch andere Vorstellungen und leistete Widerstand. Kim und ich einigten uns, daß wir Lindsey nicht zwingen und statt dessen ihrer Führung folgen würden. Wir ließen die Dennison-Lateralitätsbahnung und das Sehtraining beiseite und machten weiterhin die *Überkreuzbewegung*.

Lindsey, auf diesem Foto noch blind, bemalt mit Hilfe ihres Tastsinns Holzstäbchen für den Vatertag – ihre erste feinmotorische Aufgabe seit ihrem Schlaganfall.

Lindsey erzielte weiterhin gute Erfolge mit der einfachen bilateralen *Überkreuzbewegung*. Und während wir ihrer Führung vertrauten, kam es zu wunderbaren Entwicklungsschüben, die manchmal aus unerwarteten Quellen entsprangen. Zum Beispiel verursachte die Tatsache, daß Lindsey keine Schuhe tragen wollte, größere Schwierigkeiten, und wir waren erstaunt über Lindseys Widerstand. War er verhaltensbedingt? Sensorisch bedingt? Wir entschieden wieder, daß wir Lindseys unausgesprochener, aber sehr klarer Bitte folgen und ihr eigenes Tempo respektieren wollten. Nachdem wir das Buch *Smart Moves* (auf deutsch:

Bewegung – das Tor zum Lernen) von der Pädagogin und Neurophysiologin Carla Hannaford gelesen hatten, ging Kim das „Schuhproblem“ an. Sie zog Lindsey Socken aus unterschiedlichem Material und in verschiedenen Farben an. Für Kim war das ein Weg, um Lindsey einen strukturierten, wiederholten sensorischen Stimulus anzubieten. Lindsey zog die Strümpfe gegen Mittag oft aus, bis sie erkannte, daß sie mit ihren Freunden in der Grundschule (nebenan) nur zusammensein durfte, wenn sie wenigstens Socken anhatte. Wir legten die Hausordnung der Schule, die das Tragen von Schuhen vorschrieb, ausnahmsweise einmal großzügig aus, damit Lindsey in Socken gehen konnte, und das machte es ihr leichter, sich daran zu gewöhnen, für längere Zeit etwas an den Füßen zu haben.

Gelegentlich machte Kim mit Lindsey einen Spaziergang in den Wald und legte zwischendurch Schmutz, kleine Stöckchen oder Blätter auf den Weg, damit Lindsey die unterschiedliche Beschaffenheit fühlen konnte. Diese sensorische Stimulierung ihrer Füße bereitete den Weg für ihr weiteres Wachstum: Als Lindsey begann, nach unten zu sehen – auf ihre Füße, auf die Pflanzen, auf den Boden –, erweiterte sich ihr Sehfeld.

Kim erwies sich als eine unglaublich mutige Mutter, die an ihre Tochter glaubte und sie beständig zum Wachsen und Lernen aufforderte, damit sie wieder unabhängig würde. Ich lernte sehr viel von Kim, die ihre Tochter so akzeptierte, wie sie jetzt war, und immer bereit war, präsent zu sein für die neuen Schritte, zu denen Lindsey bereit war.

Nach einiger Zeit gab Lindsey zu verstehen, was ihr sensorisch angenehm war und was nicht, und Kim machte sie darauf aufmerksam, daß es für ihre Füße angenehmer wäre, wenn sie Schuhe tragen würde. Im Juni trug Lindsey schließlich den ganzen Tag lang Sandalen und im Spätsommer sogar normale Schuhe.

Im Sommer gelangten Kim und ich (nach Rücksprache mit Lindseys Psychologin) zu der Überzeugung, daß Lindsey die Sommermonate mit Gleichaltrigen und nicht in meiner Klasse verbringen sollte. Dabei sollte sie wieder lernen, sich in ihrem Verhalten besser an die Gruppe anzupassen. Als der Sommer zu Ende ging, war Lindsey wieder aktives Mitglied bei den Pfadfinderinnen, beteiligte sich an Ausflügen ins Marinemuseum und verbrachte hin und wieder eine Nacht bei

Freundinnen. Als die Familie sich einer neuen Religionsgemeinschaft anschloß, konnte Kim berichten, daß Lindsey sich bald akzeptiert fühlte und bei allen gemeinsamen Unternehmungen einbezogen wurde. Im Rahmen dieser kirchlichen Aktivitäten konnte sie sich bald ohne Schwierigkeiten ausdrücken und fühlte sich in dieser Gemeinschaft willkommen und sicher.

Lindseys weitere Entwicklung, nachdem sie im Sommer nach ihrem Infarkt meine Klasse verließ, fasse ich hier noch kurz zusammen:

- Ende Juli konnte Lindsey genügend sehen, um sich mit Hilfe einer kleinen Schreibtafel mitzuteilen. Sie konnte übermitteln, was sie wollte, und sie beantwortete einfache Fragen. Und das neun Monate nach ihrem Infarkt.
- Im September benutzte sie einige annähernd verständliche Wörter, zum Beispiel „itte" statt „bitte", oder sie sagte „MamMamMam" als ein Wort. Im selben Monat konnte Lindsey wieder in die Grundschule gehen.
- Im Oktober, in der fünften Klasse, konnte Lindsey einzelne Wörter lesen (dekodieren), ohne sie zu verstehen. Sie sprach noch nicht und verstand auch noch wenig Sprache. Am 19. Oktober jedoch las Lindsey in der Klasse einige Sätze laut vor.
- Ende November befolgte und beantwortete sie mündliche Anweisungen und begann langsam zu sprechen, so daß sie annähernd an das Mädchen erinnerte, daß sie vor ihrer Krankheit gewesen war. Zunächst konnte sie nur einfachen Anweisungen folgen, zum Beispiel wenn ihre Mutter ihr einen Pullover in die Hand drückte und sagte: „Lindsey, geh in dein Zimmer und räume den Pullover auf." Bis zum Erntedankfest hatte Lindsey ihren Humor zurückgewonnen. Lachend neckte sie wieder ihre Mutter mit Streichen und kitzelte sie.
- Nach den Weihnachtsferien, ein Jahr nach ihrem Anfall, zeigte Lindsey, daß sie wieder selbst denken konnte; so antwortete sie zum Beispiel: „Ich will nicht." Und sie begann auch zu fragen: „Warum kann ich nicht besser sehen? Warum kann ich mit meiner rechten Hand nichts tun? Kann ich dir helfen, das Essen vorzubereiten? Ist noch Kuchen da?" Wenn ihre Mutter mit nein antwortete, brachte sie ihr Mißfallen wie jedes andere gleichaltrige Mädchen zum Ausdruck.

- Kim erzählte mir, daß Lindseys neue Lehrerin manchmal ihr Gesicht mit den Händen umfaßte und sagte: „Ich weiß, daß ihr Wörter vorhanden seid. Kommt heraus, kommt heraus, von wo auch immer.“ Damit würde sie Lindseys Frustration auflockern. Lachen kann manchmal sehr heilsam sein.

Lindsey fand mit der Zeit selbst heraus, was für ihre Entwicklung notwendig war, und sie setzte in gewisser Weise selbst Prioritäten. Dabei halfen ihr starker Wille, die Erwartungen, die ich als ihre Lehrerin in sie setzte, und die Überzeugung, die sie bei ihrer Mutter spürte.

Entscheidend für die Arbeit mit Lindsey war, daß ich bei ihrer Entwicklung berücksichtigte, daß sie Gehirnschädigungen erlitten hatte, aber einen starken Lebenswillen besaß und unbedingt lernen wollte. Was ihr half, waren die sensorischen und sensomotorischen Bewegungen, die Brain-Gym®-Übungen, Gesichtsmuskeltraining mit einer Sprachtherapeutin und stärkende Übungen wie Laufen, Ballkicken, Rennen, Rutschen und Schaukeln.

Kim betont, daß die *Überkreuzbewegung* weiterhin die wirksamste Brain-Gym®-Übung für Lindsey sei. Kim und Lindseys Lehrerin machen sie täglich mit ihr. In der Klasse sorgt die Lehrerin dafür, daß alle die *Überkreuzbewegung* als Aufwärmübung mitmachen. Kim variiert die Übung zu Hause und führt sie sehr häufig passiv aus, wenn Lindsey im Bett liegt und sie darum bittet. Kim macht langsam die *Überkreuzbewegung,* indem sie nacheinander jeweils eine Schulter und die entgegengesetzte Hüfte mit leichtem Druck berührt – zunächst auf der Vorderseite und dann auf der Rückseite des Körpers.

Kim berichtete wiederholt, daß Lindsey ohne die *Überkreuzbewegung* vor dem Schlafengehen nachts sehr unter Alpträumen und starken Emotionen leide. Kim ist sich sicher, daß Lindsey ruhiger und ausgeglichener ist, wenn sie vor dem Schlafen die *Überkreuzbewegung* gemacht hat.

Kim wendet die *Überkreuzbewegung* weiterhin regelmäßig an, um die Propriozeption bei ihrer Tochter zu stärken: die rhythmische, abwechselnde Bewegung von links nach rechts und umgekehrt hilft Lindsey, ein Gefühl für ihren Körper im Raum zu bekommen. Vor dem abendlichen Spaziergang macht die ganze Familie die *Überkreuzbewegung* gemeinsam. Lindsey macht die Übung zunächst im Liegen, da sie ihr so besser gelingt; sie kann nicht auf Anhieb gleichzeitig stehen, die Balance halten und ihre Mittellinie überkreuzen. Wenn sie dann Stabilität erlangt hat, kann sie die *Überkreuzbewegung* eine Minute stehend machen. Kim berichtet, daß Lindsey dann nicht mehr „wie ein betrunkener Seemann" gehe, sondern wie eine typische Zehnjährige.

Eines Tages wollte sich Kim bei mir dafür entschuldigen, daß sie nicht *mehr* Brain-Gym®-Übungen mit Lindsey machte. Ich versicherte ihr, wie wichtig es sei, daß sie überhaupt Zeit fand, die Übungen mit Lindsey zu machen. Bei behinderten Kindern reicht bereits eine kurze Übungszeit täglich, vorausgesetzt, die Übungen werden regelmäßig ausgeführt.

Kim hat für Lindsey ein Ziel gesetzt. Sie soll weiterhin ihr Körperbewußtsein und alle ihre Wahrnehmungskanäle trainieren. Für den Fall, daß das Sehen weiterhin eingeschränkt bleibt, soll Lindsey dann guten Zugang zu allen anderen Sinnen haben. Ich bin froh, daß Kim für Lindsey nach wie vor Ziele im Auge hat. Auf diese Weise können Prioritäten für die Entwicklung gesetzt werden, und das Bedürfnis eines Kindes, zu wachsen und zu lernen, kann respektiert werden. So kann eine Vision entstehen, die dem Kind wieder Lebensfreude ermöglicht – ungeachtet der vorhandenen Behinderungen.

Kapitel 6

Die Suche nach Struktur unterstützen

Für ein Kind gibt es nur einen Weg, räumliche Zusammenhänge kennenzulernen, und zwar über Bewegung. Ein Lehrer kann Struktur in ein Klassenzimmer bringen, er organisiert einen Stundenplan, stellt Regeln auf, setzt Grenzen und bietet regelmäßige Abläufe, aber die kindliche Suche nach Struktur beginnt bei der Selbstorganisation des eigenen Körpers. Und nur durch Bewegung kann das Kind diese Ordnung im eigenen inneren System schaffen. Mein Schüler Casey ist ein Musterbeispiel für diesen Gedanken.

Casey: „Wo im Raum bin ich?"

Casey ist im Kreis der Kinder immer an seinem Platz. Er kann nicht wie andere Kinder rennen, hüpfen, klettern, ringen oder stürzen und auf diese Weise ständig Haut, Nerven, Muskeln und lymphatisches System durch Bewegung stimulieren. Casey sitzt den ganzen Tag im Rollstuhl, und seine Gesten sind verkrampft, zufällig und fahrig; er scheint nicht zu spüren, wie er sich in seinem eigenen körperlichen Raum bewegt. Deshalb ist er von allen meinen Schülern das beste Beispiel für das Bemühen eines Kindes, dies herauszufinden: „Wo bin ich im Raum?" Zum Glück für Casey hatte seine Mutter schon sehr früh sein Bedürfnis nach Stimulation erkannt. Deshalb fing sie an, immer wieder spielerisch mit ihm zu raufen, was ihm großes Vergnügen bereitete. Und sie zeigte mir, wie sie das machte. Abgesehen von diesen Aktivitäten der Mutter hatte Casey in seiner zurückliegenden Schulzeit sehr viel sitzen müssen.

Als ich Casey in den ersten Wochen in meiner Klasse beobachtete und seine Muskelanspannung und -starre sah, schien mir, daß er als erstes entspannen lernen mußte, um sein Körpergefühl zu steigern.

Damit Casey sich körperlich geerdet fühlen (Gefühl für körperliche Stabilität) und dadurch seine Körperwahrnehmung steigern konnte, wählte ich Brain-Gym®-Übungen, die eine übermäßige Anspannung der Sehnen lösen. Ich wollte, daß er seine Größe und sein Gewicht sowie seine Bewegungen im Raum besser wahrnahm. Wenn ich mir Casey anschaute, mußte ich an den Sehnenschutzreflex denken.

In der Edu-Kinestetik wird der Sehnenschutzreflex beschrieben als eine physiologische Reaktion, die bewirkt, daß man bei einer vermuteten Gefahr innehält und erstarrt, bis man sich sicher weiterbewegen kann. Als Haltungsreflex dient er dazu, den aufgerichteten Körper vor dem Fallen zu bewahren. Bei Menschen, die durchweg das Gefühl haben, sie könnten fallen, ist der Sehnenschutzreflex *immer* aktiv, was eine konstante Muskelanspannung und fehlende Flexibilität zur Folge hat. Liegt eine Verletzung vor oder wird eine Umgebung als unsicher empfunden, so „schützen" die Sehnen die Muskeln, indem sie die normalen Muskelreaktionen ausschalten. Sind die Sehnen chronisch angespannt, verkürzen sich die Muskeln und verlieren ihre Flexibilität. Diese chronische Starre schränkt die Empfindungsfähigkeit der Muskeln ein, die sonst ein Gefühl für die räumliche Position und für räumliche Beziehungen vermitteln würden.

Durch diese Verkürzung wird außerdem der Körper hinter der in der Edu-Kinestetik so bezeichneten „Beteiligungsmittellinie" gehalten – einer gedachten Linie, die in der Seitenansicht des Körpers von oben nach unten gezogen wird. (Nach John Thie, S. 22 – vgl. Literaturverzeichnis –, beginnt die Linie in der Mitte des Ohrs, verläuft durch Hals und Oberarm, die Mitte von Oberschenkel und Knie und vor dem Knöchel vorbei. Anmerkung d. Übers.) Wenn sich die Muskulatur einmal daran gewöhnt hat, den Körper hinter dieser imaginären Linie zu halten, wird die Atmung behindert und die Übertragung der Informationen aus den Muskelpropriozeptoren – den „Gehirnzellen in den Muskeln" – eingeschränkt. Das Gefühl für Kontakt, Stabilität und körperliche Interaktion mit anderen (Beteiligung am sozialen Geschehen) wird sehr stark behindert.

Die Suche des Kindes nach Struktur beginnt mit der Suche nach der Struktur, die der eigene Körper bietet, während er sich unter Einfluß der Schwerkraft bewegt. Ich glaube, daß sich bei Casey und einigen meiner anderen Schüler die Bewegungsmuster auf der Basis eines unzureichenden Gleichgewichtsgefühls entwickelt haben. Bewußt oder unbewußt strengen sich diese Kinder immer an, um nicht zu fallen. Deshalb braucht Casey eine sensorische Stimulation – durch Berührung, Gewicht und Bewegung – die sein Gefühl für Stabilität und Kontinuität, für das „Wo bin ich" aufbaut. So kann er das Gefühl für körperliche Struktur bekommen, das ihm fehlt.

Wenn Casey sich an etwas beteiligt, tut er das hauptsächlich mit seiner Stimme und mit seinem Gesichtsausdruck – sein Körper bleibt unbeteiligt. Er fühlt sich weder in einer vertikalen noch in einer horizontalen Position wohl. Ich überlegte mir, wie Casey seinen Körper spürte – mit seinen starren Muskeln und seiner steifen Haltung – während er im Rollstuhl saß, aufgestützt auf dem Bauch lag, oder mit Unterstützung auf der Seite lag. Um Casey neue Erfahrungen mit seinem inneren Gleichgewicht und mit Bewegung zu ermöglichen, machte ich mit ihm einige Brain-Gym®-Übungen, wie in der Tabelle auf Seite 108 aufgeführt.

Während ich Casey bei diesen Übungen half, ermunterte ich ihn gleichzeitig, auswählen zu lernen. In der Körpertherapie lernen Kinder, die sich kaum bewegen können, mit ihren Augen anzuzeigen, was sie wollen. Ich bot Casey also zwei Gegenstände zum Spielen an, und er bewegte seine Augen in Richtung des Gegenstands, mit dem er spielen wollte. Anfangs konnte Casey nur in zwei von fünf Fällen andeuten, was er wollte – was nur als Zufallsergebnis betrachtet werden konnte. Erwartungsvoll trug ich die Anzahl von Caseys Reaktionen in eine Liste ein, aber ich muß jetzt, nach zwei Jahren, einräumen, daß Casey auch heute noch nur bei zwei von fünf Versuchen zeigt, was er will.

Caseys Brain-Gym®-Übungen

Beschreibung	Ziel
Die *Gehirnknöpfe*	
Mit einer Hand wird der Bauchnabel gehalten, mit der anderen werden die beiden weichen Stellen rechts und links neben dem Brustbein, gleich unterhalb der Schlüsselbeine gerieben.	Die Aufmerksamkeit wird gesteigert, indem hemmende visuelle Reflexe gelöst werden und das visuelle System mit Bezug auf die Mittellinie des Körpers neu ausgerichtet wird.
Die *Überkreuzbewegung*	
Es wird jeweils ein Arm und das entgegengesetzte Bein bewegt.	Gleichzeitige Aktivierung beider Gehirnhälften.
Die *Erdknöpfe*	
Es werden gleichzeitig zwei Punkte auf der vorderen Mittellinie des Körpers gehalten, unter der Unterlippe und am oberen Rand des Schambeins.	Ausrichtung der vorderen Mittellinie des Körpers als zentrale Referenz für räumliches Bewußtsein.
Die *Balanceknöpfe*	
Während der Nabel gehalten wird, stimulieren die Finger den Hinterhauptbereich.	Die Entspannung wird durch die Aktivierung der vestibularen Reflexpunkte für Balance und Gleichgewicht gefördert.
Die *Fußpumpe*	
Die Fingerspitzen halten Anfang und Ende der Wade fest, während der Fuß gebeugt und gestreckt wird.	Die Längung des Wadenmuskels soll den Sehnenschutzreflex lösen und die Muskelempfindungen verstärken.
Die *Raumknöpfe*	
Mit den Händen wird ein Punkt auf der rückwärtigen Mittellinie (Steißbein) und gleichzeitig ein Punkt auf der Vorderseite (oberhalb der Oberlippe) gehalten.	Ausrichtung der rückwärtigen Mittellinie als zentrale Referenz für räumliche Wahrnehmung.

Monate vergingen, und bei Casey zeigten sich kaum Veränderungen. Nach den in der Tabelle genannten Brain-Gym®-Übungen ergaben sich nur kurzzeitige Verbesserungen. Trotzdem ermutigten mich Paul und Gail Dennison, mit den Brain-Gym®-Übungen und dem Training des Wählens mit den Augen weiterzumachen. Frustriert beobachtete ich, wie Caseys heranwuchs und seine zunehmende Größe und sein Gewicht sich negativ auf seine Haltung auswirkten. Seine Skoliose verstärkte sich, und er bekam seinem Alter entsprechend neue Zähne. Beides schien ihm Probleme zu bereiten.

Ich fühlte mich recht entmutigt, und doch wollte ich diesem Jungen helfen, eine Haltung zu finden, in der er sich wohl fühlen konnte. Casey schaute oft voller Sehnsucht nach den anderen, in seinen Augen konnte man seinen starken Wunsch nach Kontakt lesen. Als seine Lehrerin überlegte ich mir oft, wie ich ihm bei seiner beständigen körperlichen Anspannung Entlastung verschaffen und wie ich ihn dazu bringen könnte, neue Wege zum persönlichen Ausdruck zu finden.

Nach mehreren Monaten mit Brain-Gym® und Augenübungen begann ich bei Casey mit der Dennison-Lateralitätsbahnung, wie in Kapitel 4 beschrieben. Mein erstes Ziel war bis dahin gewesen, ihm zumindest teilweise die Kontrolle über seinen Schluckreflex zu ermöglichen. Jetzt kam als neues Ziel hinzu, daß er sich in seinem Körper wohler fühlen sollte. Nach der Dennison-Lateralitätsbahnung zeigten sich entscheidende Verbesserungen, Casey war stärker präsent und fühlte sich in seinem Körper wohler. Vor der Neubahnung verbrachte er ein Viertel der Schulstunden versunken in seiner eigenen Welt, er suchte wenig oder überhaupt keinen Augenkontakt und zeigte wenig Interesse an seiner Umgebung, außer wenn ich ihn mit festem Druck berührte, wie seine Mutter es mir gezeigt hatte. Seit der Dennison-Lateralitätsbahnung zeigte Casey mehr Aufmerksamkeit für sich selbst und seine Mitschüler und starrte nicht mehr so häufig in die Ferne.

Um Caseys Schluckreflex auszulösen, hatte ich es zunächst mit einer Methode versucht, die mir Nancy, die Sprachexpertin an der Schule, gezeigt hatte. Nancy schaffte es damit, drei bis sechs Schluckreflexe innerhalb von zehn Minuten auszulösen, aber mir gelang das nicht. Caseys Speichelfluß blieb aber unmittelbar nach der Dennison-

Lateralitätsbahnung für etwa 20 Minuten unterbrochen. Um diese Zeitspanne zu verlängern, machte ich die Lateralitätsbahnung weiterhin.

Auch als ich sie ein ganzes Jahr lang durchgeführt hatte, zunächst dreimal die Woche und später mindestens einmal im Monat, ergab sich keine Veränderung; außer in den 20 Minuten nach der Übung fließt der Speichel unaufhörlich. Angesichts dieser Enttäuschung frage ich mich, wie Caseys Kopfstellung sein muß, um ihm das Schlucken zu ermöglichen. Ich hoffe immer noch, daß die wiederholte Anwendung der Dennison-Lateralitätsbahnung eines Tages doch wirkt.

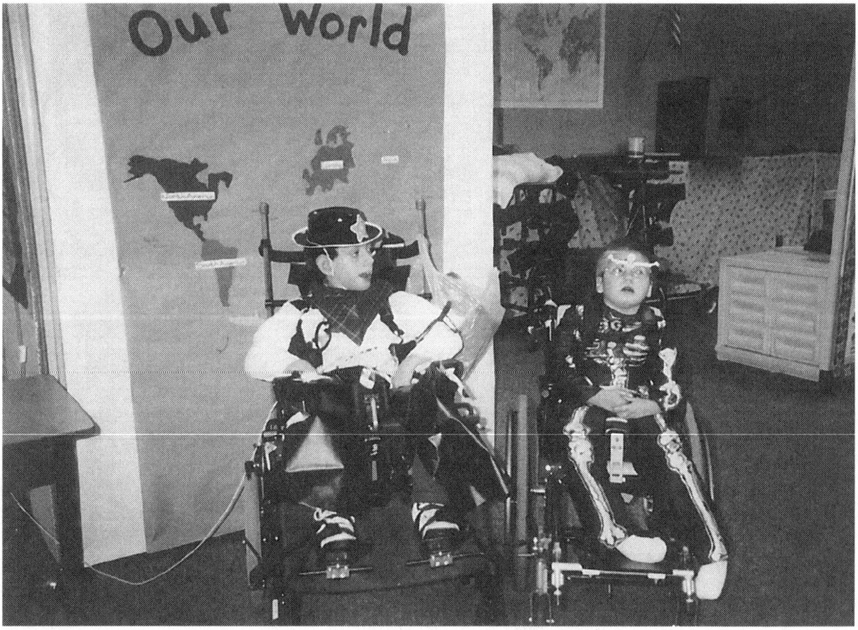

„Cowboy" Casey mit seinem Freund Jacob bei der Halloween-Party der Klasse

In der ganzen Zeit habe ich die Grundübungen von Brain-Gym® mit Casey gemacht. Zusätzlich zu den bisher beschriebenen Übungen machen wir die *Armaktivierung* (die Casey gut gefällt), um die Spannung im Hals- und Schulterbereich zu lösen. Ich war der Meinung, daß diese Spannung vielleicht zu dem mangelhaften Gleichgewicht in seinem Innenohr (dem Gefühl zu fallen) beitrug, wodurch dann sein Sehnenschutzreflex ausgelöst wurde. Um die Starrheit von Caseys Körper zu mildern, begann ich ein X auf seinen Körper zu zeichnen, indem ich eine Schulter und die gegenüberliegende Hüfte drückte. Damit will ich ihm wieder zu seinem inneren Haltungsreflex verhelfen, der für Stabilität sorgt und einem Kleinkind das Krabbeln ermöglicht. Außerdem mache ich die *Fußpumpe* mit Casey, um den Sehnenschutzreflex durch Längung der Wadenmuskeln und der Achillessehne, von der der Anspannungsimpuls hauptsächlich ausgeht, zu lösen.

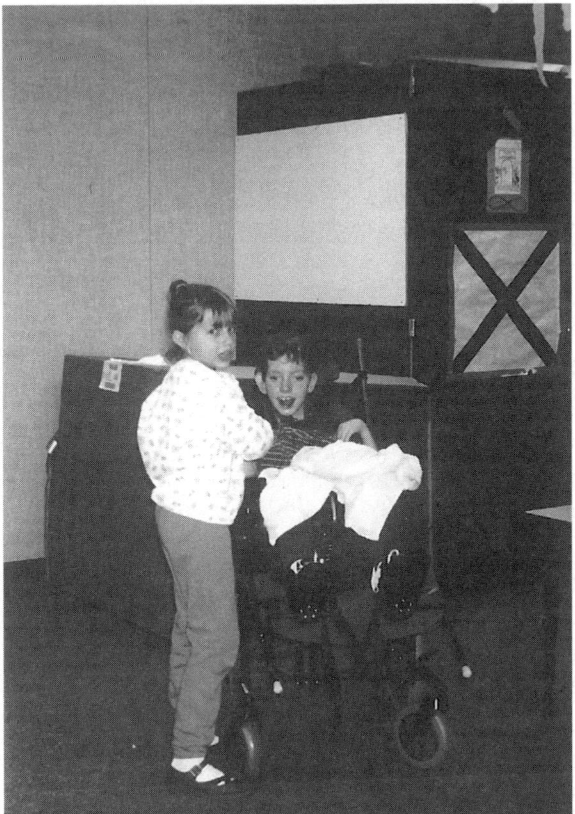

Eine Tutorin (vierte Klasse) macht Brain-Gym® mit Casey.

Vor seinen täglichen Brain-Gym®-Übungen geht es Casey oft nicht gut; ich kann das aus seiner flachen Atmung und seinen Lautäußerungen in hoher Stimmlage schließen. Ich nehme an, daß er sich in seinem Körper nicht wohl fühlt, und deshalb beginnt sein Tag immer mit Brain-Gym®. In der ersten Stunde machen meist die Tutoren einige Übungen mit ihm. Danach wird Casey von einem Tutor betreut. Casey bastelt sehr gerne und freut sich über die Aufmerksamkeit, die ihm zuteil wird. Er strahlt seinen Tutor an und stößt Freudenlaute aus.

Casey erträgt es jedoch nicht, lange im Rollstuhl zu sitzen. Nach etwa einer Stunde sind wieder seine hohen Jammertöne zu hören, weil er aus dem Rollstuhl heraus möchte. Ich setze ihn dann zunächst in eine Schaukel und lege ihn anschließend für die restlichen Brain-Gym®-Übungen auf den Fußboden.

Danach scheint Casey völlig entspannt zu sein. Seine Atmung ist normal, als Lautäußerungen sind nur noch sanfte Laute des Wohlbehagens zu hören. Ich kann sehen, daß der Sehnenschutzreflex gelöst ist, und ich vermute, daß sich Casey in seinem Körper sicher und wohl fühlt. Dann zeigt er auch kurzfristig mehr Aufmerksamkeit für seine Umgebung. Mittlerweile liegt er etwa 20 Minuten lang mit den Armen aufgestützt am Boden und beobachtet das Treiben im Klassenzimmer.

Rudy: Erwartungen konsequent aufrechterhalten

Wenn Rudy alleine spielt, nimmt er einen Gegenstand auf, steckt ihn in den Mund und kaut mit seinen Zähnen daran herum. Er nimmt alles ohne Unterschied in den Mund. Wenn ich ihm etwas wegnehme (mit Bemerkungen wie: „Rudy soll das anschauen, nicht essen.“), zeigt er sein Mißfallen; er gibt knurrende, quiekende Laute von sich und wiegt sich vor und zurück.

Zunächst konnte sich Rudy nur auf Eßbares konzentrieren. Üblicherweise wiegte er sich die ganze Zeit vor und zurück, offensichtlich in einem Zustand von Angst. Da die Lymphflüssigkeit mit Hilfe der Muskelkontraktionen durch den Körper befördert wird, interpretierte ich seine Bewegungen als das Bedürfnis nach lymphatischer Stimulierung. Wenn ich Rudys Rücken berührte, konnte ich fühlen, daß die

Sehnen (die Fasern, die die Muskeln mit den Knochen verbinden) dort ziemlich angespannt und fest waren. Da derart angespannte Muskeln und Sehnen generell den ungehinderten Fluß der Lymphe und des Blutes beeinträchtigen, wollte ich bei Rudy diese Fasern längen.

So begann ich bei Rudy mit den Längungsübungen: Ich machte die *Fußpumpe*, um die Achillessehnen zu lösen; die *Wadenpumpe*, um die rückwärtigen Wadenmuskeln zu entspannen; die *Eule*, um die oberen Trapeziusmuskeln zu entspannen, so daß er den Hals besser drehen konnte. Sowie seine Muskeln und Sehnen gelängt werden, entspannt sich Rudy zusehends, und ich kann feststellen, daß er sich besser konzentriert. Aufgrund dieser Konzentration hat Rudy Gelegenheit, mehr zu tun, als nur auf allem herumzukauen, was er in die Hand nimmt. Die Brain-Gym®-Übungen machen ihm weiterhin Spaß.

Rudy hört gerne einfache Lieder, so daß ich ein Lied für ihn singe, wenn wir die Übungen machen. Meist lasse ich mir spontan kurze Reime einfallen, während ich mit Rudy in der *Beckenschaukel* von hinten nach vorne schaukle. Zwischendurch nehme ich seinen Fuß und mache die *Fußpumpe* mit ihm.

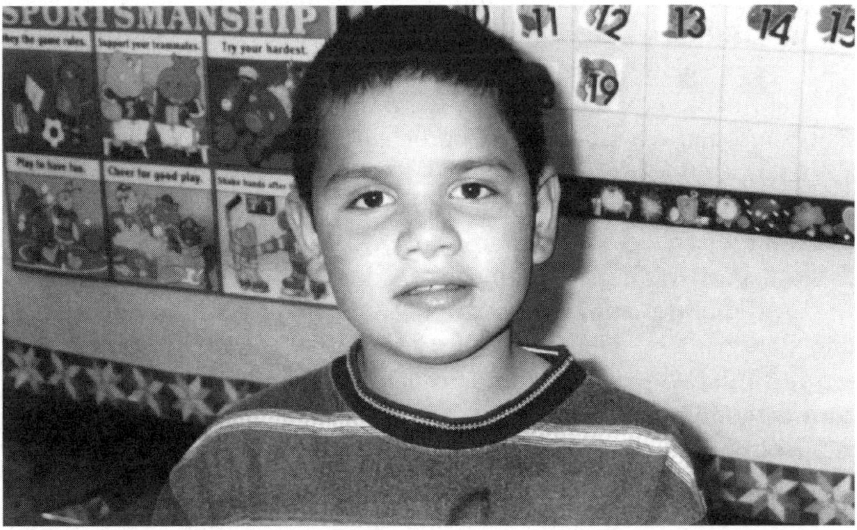

Seit Rudy Brain-Gym®-Übungen macht, hört er besser zu und konzentriert sich besser.

Von Anfang an konnte ich beobachten, wie sich Rudy durch einfache Liedreime beruhigen ließ. Seine Miene hellt sich dann auf, ein Lächeln breitet sich aus, seine großen, braunen Augen leuchten, und er neigt seinen Kopf nach links – offensichtlich, um besser zu hören. Das Singen steigert seine Bereitschaft für die Übungen, er ist dann eher bereit, sich daran zu beteiligen. Ich nutze die Gelegenheit dazu, die einzelnen Körperteile zu benennen: Ich singe einen Reim auf den Namen des Körperteils, den ich gerade bewege. Da Rudy sich nicht durch Sprache ausdrücken kann, weiß ich nicht, inwieweit er Sprache versteht. Ich kann nicht feststellen, was oder wieviel er versteht. So wiederhole ich immer wieder die Begriffe, die zum jeweiligen Lernschritt gehören. Zum Beispiel fasse ich während der Unterrichtszeit immer wieder an Rudys Füße, sobald er steht, und sage: „Rudy steht auf seinen Füßen auf dem Boden. Rudy ... Füße ... Boden." Morgens in der ersten Stunde benenne ich einen bestimmten Körperteil, und während der übrigen Stunden wiederhole ich diesen Begriff immer wieder.

Mit den Brain-Gym®-Übungen möchte ich Rudy helfen, sich besser zu konzentrieren, zu entspannen und sich seines Körpers bewußt zu werden. Wenn ich bestimmte Begriffe wiederhole und auch zeige, will ich seine Aufmerksamkeit auf sein eigenes Verhalten lenken. Mir fiel auf, daß Rudy während der Mahlzeiten immer wieder aufstand und nach Essen suchte. Sein eigenes Essen, das vor ihm lag, beachtete er nicht. Er nahm einen Bissen, ließ dann das Brot oder den Apfel fallen, schob automatisch seinen Stuhl zurück und stand auf, um wieder etwas zu holen. Ihm war nicht bewußt, daß er gerade sein eigenes Essen auf den Boden geworfen hatte. Ich wollte, daß Rudy sich bewußt wurde, wie er am Tisch saß und die Füße am Boden hatte, und daß er sich auf das konzentrierte, was vor ihm lag.

Rudy kam nur zum Essen an den Tisch, wenn man ihn mit Worten und Berührungen dazu aufforderte. Sigrid begann eines Tages damit, ihn nur mit Worten zum Essen an den Tisch zu bringen: „Rudy, Zeit zum Essen. Komm an den Tisch!" Rudy schaute dann auf und drehte den Kopf nach links, als ob er das Gesagte verarbeitete, aber er bewegte sich nur selten von der Stelle.

Nach einiger Zeit hielt Sigrid ihm einen Teller mit Essen unter die Nase, damit er daran roch, und forderte ihn gleichzeitig mit Worten

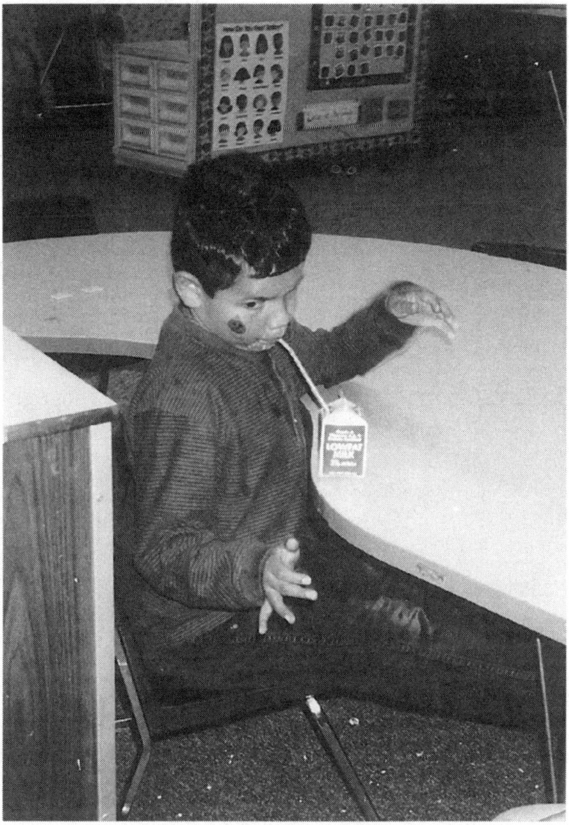

Als wir in der Klasse Halloween feierten (Abend vor Allerheiligen), trank Rudy plötzlich zum ersten Mal mit einem Strohhalm.

auf. Während sie den Teller auf den Tisch stellte, sagte sie: „Rudy, hier ist dein Essen. Möchtest du essen?“ Sie mußte dieses Verhalten fast drei Wochen lang ständig wiederholen, erst dann reagierte Rudy und ging zum Tisch, um nach Essen zu suchen. Er muß immer noch berührt werden, damit er sich hinsetzt, aber seine Aufmerksamkeit und seine Konzentrationsfähigkeit haben sich entscheidend gebessert. Ich vermute, daß hier die morgendlichen Brain-Gym®-Übungen Wirkung zeigten.

Daß Rudy jetzt verbale Aufforderungen befolgt, zeigt, daß er einen großen Lernschritt hinter sich hat. Er bleibt jetzt 20 Minuten am Tisch sitzen und muß nur sehr selten durch eine Berührung an der Schulter am Aufstehen gehindert werden. Wenn während des Essens Musik gespielt wird, scheint er entspannter zu sein.

Besonders hervorheben möchte ich, daß die Veränderungen in Rudys Verhalten dauerhaft waren, das heißt, sie hielten auch an den Tagen vor, an denen wir aus Zeitmangel nur wenige Brain-Gym®-Übungen machten. Offensichtlich begünstigt auch sporadisches Training die natürliche Weiterentwicklung. Tatsächlich haben Untersuchungen über die Wirkung von Brain-Gym® auf das Lernen ergeben, daß die Bewegungen, auch wenn sie nicht regelmäßig ausgeführt werden, die neuralen Funktionen im Gehirn stärken. Auf jeden Fall kann ich befriedigt feststellen, daß Rudy jetzt entspannter, aufmerksamer und ausgeglichener ist, wenn er beim Essen sitzt.

Kapitel 7

Grenzen setzen

Wenn ein Kind um sich schlägt und stößt, andere beißt oder auf andere Weise deren Grenzen mißachtet, bringt es damit zum Ausdruck, daß es sich nicht sicher fühlt. Kinder, die sich nicht kontrollieren können, müssen wissen, daß jemand sie genügend liebt, um sie vor Schaden zu bewahren – und dazu gehört auch, daß die Kinder daran gehindert werden, andere zu verletzen.

Christina: Sicherheit und Halt bieten

Nachdem Christina bereits acht Wochen in meiner Klasse war, verbrachte sie immer noch die meiste Zeit in einer Ecke zusammengerollt; sie schaute ängstlich um sich und rannte zwischendurch ohne ersichtlichen Grund aus dem Klassenzimmer. Sie traute weder mir, ihrer Lehrerin, noch Sigrid, meiner Hilfskraft; sie sagte nie, was sie brauchte, und konnte nicht warten, wenn sie etwas haben wollte. Sie spürte sehr sensibel die emotionalen Stimmungen der Erwachsenen in ihrer Umgebung und reagierte auf deren unterschwellige Botschaften.

Da Christina für ihr Alter sehr groß und stark war und sehr schnell in ihren Reaktionen, wurde ihr Verhalten in der Klasse sowohl von den Schülertutoren als auch von den erwachsenen Hilfskräften als bedrohlich empfunden. Sie schien ihre Energie nicht kontrollieren zu können, denn sie warf oft Gegenstände durch den Raum, warf Dinge um, ohne es zu merken, und sorgte so für Unruhe im Klassenzimmer. Deshalb brauchte Christina immer wieder die Zusicherung, daß für ihre Sicherheit gesorgt würde: einmal, damit sie selbst nicht verletzt wurde, zum anderen, damit sie davon abgehalten wurde, die Ordnung in der Klasse zu stören. Wir stärkten ihr Gefühl der Sicherheit, indem wir ihr Regelmäßigkeit und Struktur boten sowie Schutz vor ihrem Bedürfnis, sich auszuagieren.

Eines Tages, als es Zeit zum Essen war, lief Christina ihre Kühltasche holen, die sie von zu Hause mitgebracht hatte. Sie entschied sehr schnell, daß sie das mitgebrachte Essen nicht mochte; sie wollte statt dessen einen kleinen Kuchen vom Tablett mit dem Schulessen. Sigrid sagte ihr, sie könne einen Kuchen haben, sobald sie ihr Sandwich gegessen habe. Während Sigrid den anderen Schülern beim Essen half, versuchte Christina jedoch mehrmals, sich einen Kuchen zu nehmen. Sigrid war eine sehr geduldige Frau und erkannte sowohl potentielle Krisen als auch Gelegenheiten zum Lernen. Sie gab mir zu erkennen, daß sie sich um Christina kümmern wolle und ich den anderen Kindern alleine beim Essen helfen solle.

Sigrid setzte sich neben Christina. Sie legte einen Kuchen auf einen Papierteller, stellte diesen vor sich hin und legte schützend die Arme darum. Dann fragte sie Christina: „Was möchte Christina? Möchte Christina einen Kuchen?“ Und Christina antwortete sofort: „Christina möchte Kuchen.“

„Christina zuerst Sandwich, dann Kuchen“, sagte Sigrid sachlich und deutete nacheinander auf beides.

Christina antwortete: „Christina nicht wollen“, und schob ihr Sandwich weg. Worauf Sigrid sagte: „Ich sehe, daß du einen Kuchen willst. Erst das Sandwich, dann Kuchen.“

Christina wollte nach dem Kuchen greifen. Aber Sigrid umschloß den Teller noch enger und sagte: „Sigrids Kuchen. Christina ißt erst das Sandwich, dann kann sie etwas von Sigrids Kuchen haben.“

Christina schob ihr Sandwich wieder weg und sagte: „Christina möchte Kuchen.“

Und Sigrid wiederholte: „Sigrids Kuchen. Christina ißt erst ein Stück von ihrem Sandwich, danach kann sie etwas von meinem Kuchen haben.“

Mittlerweile war Christina sichtlich wütend und frustriert. Sie schleuderte ihre Tasche samt Inhalt durch den Raum und schrie: „Christina nicht wollen!“

Sigrid hob ruhig die Saftflasche, das Sandwich und die Tasche auf, legte sie vor Christina hin und sagte noch einmal: „Christina nimmt etwas von ihrem Essen, dann kann sie ein Stückchen von Sigrids Kuchen haben."

Christina begann vor Enttäuschung zu weinen, und Sigrid blieb einfach neben ihr sitzen. Nach etwa einer halben Minute fragte sie Christina, ob sie etwas trinken wolle, und gab ihr ihre Flasche. Christina nahm einen Schluck, und Sigrid sagte: „Gut, Christina. Du hast etwas von deinem mitgebrachten Essen genommen! Jetzt bekommst du ein Stückchen von meinem Kuchen."

Christina griff sich ein Stück Kuchen von dem Papierteller, den Sigrid zu ihr hingeschoben hatte, roch daran, ob es auch echt war, und aß es schnell auf.

Sigrid sagte wieder: „Christina ißt etwas von ihrem Essen. Sigrid gibt ihr etwas von ihrem Kuchen."

Offensichtlich verstand Christina, daß Sigrid es ernst meinte, denn sie trank noch einmal von ihrem Saft und bekam daraufhin noch ein Stück von dem Kuchen. Dann begann sie zu weinen. Die Auseinandersetzung war beendet.

Sigrid lobte Christina: „So ist es gut, Christina hat den Kuchen verdient. Möchte Christina trinken?" Christina zeigte durch ihre Gesten, daß sie keinen Kuchen und auch nichts mehr zu trinken wollte. Die Beharrlichkeit Sigrids und die vorgegebene Struktur hatten ihr das Gefühl von Sicherheit und Halt gegeben, und jetzt wollte sie nur noch Sigrids Anerkennung und Aufmerksamkeit: Dazu nahm sie Sigrids Hand, legte sie um ihren Rücken und kuschelte sich an Sigrid, die auf dem Stuhl neben Christina sitzen blieb. Sigrid erklärte Christina, sie müsse beim Füttern der übrigen Kinder mithelfen, und fragte sie, ob sie ihr helfen wolle. Christina nickte zustimmend, und beide standen auf, um gemeinsam einem anderen Schüler zu helfen.

Es ist wirklich erstaunlich, wenn man diese Art bewußter Interaktion im Klassenzimmer beobachtet. Obwohl es sehr schwierig war, reagierte Christina positiv auf die Struktur, die ihr auferlegt wurde. Christina konnte ihre Lektion über den Aufschub von Bedürfnissen lernen, weil Sigrid ihr dabei half, indem sie ruhig, geduldig und beharrlich war und ihre Worte sehr gezielt wählte. Sigrid teilte eindeutig mit, daß sie für Christina ein Ziel gesetzt hatte: daß sie auf Anweisungen hören und sie befolgen sollte. Und Sigrid hielt konsequent durch, bis Christina reagierte. Damit ist die beschriebene Szene ein gutes Beispiel dafür, wie Struktur und äußerer Halt vorgegeben werden können.

Sigrid hält Christina fest, um ihr zu helfen, ihre Grenzen zu entdecken und sich auf eine Aufgabe zu konzentrieren.

Sehr oft müssen Kinder wie Christina nur gezeigt bekommen, wo die Grenzen sind und was innerhalb dieser Grenzen von ihnen erwartet wird. Dann fällt es ihnen leichter, an gemeinsamen Aktivitäten teilzunehmen. Christina wollte sich zur Gruppe zugehörig fühlen. Da sie jedoch nur schwer zu dem Gefühl persönlicher Sicherheit findet, ist sie oft frustriert. Deshalb müssen die Erwachsenen in ihrem Umfeld für eine sichere Struktur sorgen, mit dem Ziel, daß sie eines Tages ihre eigene innere Struktur entdeckt.

Persönlicher Raum und der Geruchssinn

Christina genießt es, ihren Geruchssinn zu betätigen. Sie riecht an allem, und oft will sie es anschließend essen. Als ich sah, wie sie an einer frischen Windel roch, die sie aus dem entsprechenden Vorratsschrank genommen hatte, wollte ich sie spontan davon abbringen und ihr etwas anderes geben. Aber Sigrid meinte: „Sie muß die Dinge offensichtlich durch Riechen erkennen.“ Paul Dennison bestätigte uns später, daß wir Christina unbedingt an den Dingen riechen lassen sollten. Er erklärte, daß der Einsatz des Geruchssinns dazu beitrage, das Mittelhirn zu integrieren, und er erinnerte mich daran, daß Tiere ihr eigenes Territorium mit dem Geruchssinn erkennen. Christina nutzte den Geruch wahrscheinlich instinktiv, um ihren sicheren Raum zu erkennen und sich zu „erden“.

Christinas Mutter und ich stellten einen „Riechkorb“ zusammen und füllten ihn mit unterschiedlich riechenden Cremes, wie zum Beispiel Eukalyptuscreme, und mit Wattekugeln, die mit dem Rasierwasser ihres Vaters, dem Parfüm ihrer Mutter oder mit Zitronensaft getränkt waren. Jeden Morgen, wenn Christina zur Schule kommt, setzen wir sie zuerst mit ihrem Riechkorb in eine ruhige Ecke, damit sie sich mit Hilfe der Gerüche wieder im Klassenzimmer eingewöhnen kann. Wenn Christina auf diese Weise geerdet wird, ist sie aufmerksamer und scheint sich ihres Körpers besser bewußt zu sein. Sie ist ruhiger und besser zentriert, sie läuft dann nicht so häufig ziellos in der Klasse umher und stört deutlich weniger.

Seit Sigrid und ich erkannt haben, wie sich Christina durch ihren Geruchssinn erdet, setzen wir sie jedes Mal, wenn sie Beruhigung nötig hat, an ihren Riechkorb. Während Christina mit Riechen beschäftigt ist, führe ich oft Längungsbewegungen aus Brain-Gym® mit ihr durch. Ich mache mit ihr die *Wadenpumpe* oder die *Armaktivierung*, damit sie sich besser konzentriert, ihre Muskeln und Bewegungen spürt und ein Gefühl für die Grenzen ihres eigenen Körpers bekommt. Letzteres kann ihr das Gefühl von Sicherheit und Halt geben, wonach Christina ständig sucht. Wir machen auch einige Energieübungen (*Gehirnknöpfe, Balanceknöpfe* oder *Erdknöpfe*) die zusätzlich dazu beitragen, daß sie geerdet, präsent und bewußt ist und sich in ihrem Körper wohl fühlt.

Um zu entscheiden, welche Brain-Gym®-Übung wann angebracht ist, achten wir einfach darauf, ob Christina sich unsicher fühlt – das heißt, ob ihre Energie ungebündelt und nicht geerdet zu sein scheint. Dann werden Energieübungen gemacht. Wenn sie ihre körperlichen Grenzen überschreitet, muß ihr Fokus durch Längungsbewegungen gebessert werden.

Wir haben für Christina das Ziel, daß sie mit der Zeit selbst Zugang zu dieser Sicherheit und Zentrierung finden sollte. Wir hoffen, daß sie aus den wiederholten kinästhetischen Erfahrungen lernt, daß die eigenen körperlichen Empfindungen und die eigenen Emotionen auch als angenehm erlebt werden können. Wenn Sie diese Erfahrung öfter macht, lernt Christina vielleicht, sich selbst Grenzen zu setzen und unabhängiger zu werden, so daß sie weniger auf Erwachsene angewiesen sein wird. Christina hat jetzt begonnen, ihre Handlungen mit Worten zu begleiten. Das bereitet ihr großes Vergnügen, was ich als ein Zeichen deute, daß sie ihre Bedürfnisse besser kontrollieren kann.

Bedürfnisse aufschieben

Christina zeigt allmählich, daß sie ihre eigenen Grenzen verinnerlicht hat. Das zeigt sich zum Beispiel daran, daß es möglich ist, Belohnungen aufzuschieben. Bisher verlangte sie immer, daß ihre Bedürfnisse sofort befriedigt wurden. Wenn wir nicht sofort taten, was sie wollte, geriet sie außer sich und zeigte uns damit, daß sie uns nicht zutraute, daß wir ihr Bedürfnis noch berücksichtigen würden, und daß sie selbst nicht wußte, wie sie mit ihren sensorisch motivierten Bedürfnissen fertig werden konnte. Anfangs kroch Christina dann in eine Ecke, um sich dort zu verstecken. Heute kann sie ihr Erleben über die Sprache erklären und verhält sich deshalb sozial besser „verträglich“.

Eines Morgens waren die Schüler während der Pause im Schulhof, als Christina plötzlich einen gelben Ball auf dem Dach erblickte. Sie selbst hatte ihn am Vortag aus Versehen dort hinaufgeworfen. Sie sah mich an, deutete auf den Ball und sagte: „Christina will haben.“ Und ich antwortete: „Ah, Christinas Ball ist auf dem Dach. Christina möchte den Ball haben.“

Christina hüpfte vor Aufregung auf und ab und sagte wieder: „Christina Ball haben!" Ich erklärte ihr, daß sie warten müsse, bis Joe, der Hausmeister, vorbeikomme, damit sie ihn bitten könne, ihr den Ball herabzuholen.

Einige Minuten später kam Joe aus dem Gebäude; Christina rannte zu ihm, und während sie vor ihm auf und ab hüpfte, sagte sie zu ihm: „Christina will Ball haben!"

Als Joe mich fragend ansah, zeigte ich auf den Ball, und er versprach ihn zu holen. Als er sich umdrehte und wegging, wollte Christina ihm folgen. Er drehte sich um, hielt die Hand abwehrend hoch und sagte: „Du wartest hier. Ich hole ihn dir."

Christina blieb auf der Stelle stehen und wartete etwa zwei Minuten, ehe sie auf die Tür zugehen wollte, durch die Joe hineingegangen war. Ich zeigte zum Dach und forderte Christina auf, dort hinaufzuschauen, da Joe oben zu sehen war. Ich mußte innerlich lächeln, denn auf ihrem Gesicht ließen sich ihre Gedanken ablesen: „Ach was! Menschen laufen doch nicht auf dem Dach herum! Ich werde Joe finden. Er wollte mir meinen Ball holen."

In diesem Augenblick rief Joe vom Dach herunter: „Christina, ich habe deinen Ball." Sie drehte sich um und sah mich erstaunt an, also deutete ich nach oben. Als sie Joe sah, begann sie wieder zu hüpfen. Ich forderte sie auf: „Sag Joe, was du willst."

Joe fragte, was sie wolle, und sie sagte: „Christina will Ball!" Und Joe antwortete: „Hier kommt er", und begann zu zählen. Christina antwortete darauf mit: „Eins, zwei, drei." Joe warf ihr den Ball zu, und Christina nahm ihn glücklich in Empfang. Ich erinnerte sie daran, danke zu sagen, und sie wiederholte laut: „Danke!"

Durch die Sprache wird es den Kindern möglich, ihre Gefühle mitzuteilen und ihre Bedürfnisse angemessen zum Ausdruck zu bringen. Sie können dann auch leichter warten, müssen also nicht dem Drang zu sofortigem Handeln nachgeben, sondern können sich statt dessen auf eine Belohnung oder eine Wirkung in der Zukunft freuen.

Ich empfinde es als sehr befriedigend zu beobachten, wenn Kinder wie Christina lernen, ihre Bedürfnisse und Wünsche angemessen zum Ausdruck zu bringen. Dabei bauen sie ihre eigenen inneren Grenzen auf, erleben die Fähigkeit, Belohnungen vorherzusehen, und finden ihren Platz in einer strukturierten, sozial organisierten Welt. Wenn das Kind ein Gefühl für seinen persönlichen, sicheren Raum entwickelt, kann daraus auch die Achtung des persönlichen Raums anderer Menschen entstehen. Christina ist im Begriff, ihre eigene Struktur zu finden, und lernt langsam, sich mit ihrem persönlichen Raum auf die unsichtbaren sozialen Grenzen Gleichaltriger einzustellen.

Scott: Den persönlichen Raum entdecken

Der zehnjährige Scott war ein Energiebündel, ständig plappernd und in Bewegung. Zunächst beachtete Scott seine Umgebung nicht und ignorierte andere Menschen im Raum, außer einem oder zwei Erwachsenen und einem Schüler – dem Jungen, mit dem er spielen wollte. Scott konnte aber nicht angemessen mit diesem Jungen umgehen. Er stieß ihn zu Boden, legte sich auf ihn und wollte ihn umarmen, erdrückte ihn dabei aber beinahe, so daß Erwachsene eingreifen mußten.

Ich begann mich um Scott zu kümmern, indem ich mich fragte: „Wie kann sich Scott sicherer fühlen? Wie kann er sich in seiner Umgebung wohler fühlen? Wie kann ich ihm die körperliche Berührung und die Stimulation geben, die er sich durch sein unangemessenes Verhalten holen will?“ Scotts Aufmerksamkeit richtete sich auf den gesamten Raum, er konnte anscheinend nicht an einer Stelle bleiben. Ich hoffte, daß er durch die richtige sensorische Stimulation langsamer werden und daß sein Körper – sein Gewicht, seine Gestalt, seine Bewegungen – ihm besser bewußt werden würde und daß er die Grenzen seines eigenen Körpers wahrnehmen könnte. Ich wollte auch erreichen, daß Scott sprach, anstatt sich auszuagieren. Mir war klar, daß er sehr viel mehr verstand, als er selbst sagen konnte.

Da ich die Erfahrung gemacht hatte, daß Brain-Gym® die Entwicklung von Sprache und Artikulation fördert, begann ich mit den entsprechenden Übungen, damit Scott seinen expressiven Wortschatz erweitern konnte. Scott machte einige der Übungen gerne, andere weniger gerne; ich richtete mich nach seinen Vorlieben. Am liebsten waren ihm die *Denkmütze* (um die auditive Wahrnehmung zu stimulieren), die Eule (um angespannte Nackenmuskeln und den Sehnenschutzreflex zu lösen), die verschiedenen *Knöpfe* (um die Bewußtheit für Bewegung gegen die Schwerkraft zu stärken) und die *Überkreuzbewegung* (um die rechte und linke Hemisphäre zu aktivieren). Wenn ich vor einem gemeinsamen Spiel mit Scott seine Lieblingsübungen machte, konnte er sich konzentrieren, zuhören und richtig mit mir spielen. Ohne die Übungen schien er sich nicht genügend entspannen und beruhigen zu können.

Eines von Scotts Lieblingsspielen war „Auto-Auto" aus dem Edu-Kinestetik-Kurs *Visioncircles*™. (Das Spiel ist in Deutschland eher unbekannt, weil nur im Lehrerhandbuch enthalten und nicht in jedem Kurs gezeigt. Anm. des Verlags) Dabei stand ich hinter Scott, hielt ihm die Augen zu und „fuhr" mit ihm durch den Raum, wobei er sich rückwärts gegen mich lehnen konnte. Hier hatte Scott die Chance, langsamer zu werden, sein Gewicht und seinen Körper an meinem zu fühlen und seine Füße auf dem Boden zu spüren. Da er nichts sehen konnte, mußte Scott in seinen Bewegungen auf einen langsameren, natürlicheren Rhythmus zurückschalten. Wenn er danach die Augen öffnete, konnte Scott seine visuellen Eindrücke besser mit den kinästhetischen Signalen aus seinen Muskeln zusammenbringen, das heißt die Entsprechungen erkennen. Dieses „visuell-kinästhetische Abgleichen" versetzte Scott in die Lage, entspannt zu bleiben und mir aufmerksam zuzuhören; er ließ sich nicht mehr durch jede Störung ablenken. Ich beobachtete voller Freude, wie Scott langsam die sensorischen Erfahrungen, die er für sein Wachstum benötigte, annahm und sich daran freute. Bis dahin hatte er diese sensorischen Erfahrungen sehr oft durch sein konstant hohes Tempo und seine Erregung gemieden. Jetzt schien er bei mir präsent zu sein und eher geneigt, etwas zu lernen.

Nach den Brain-Gym®-Übungen machte ich mit Scott „Händeklatschen", was ihm sehr gefiel. Wir saß uns am Boden gegenüber, ich klatschte mehrmals hintereinander in einem bestimmten Rhythmus in die Hände und Scott machte es mir nach. Um mein Klatschen richtig zu imitieren, mußte Scott sich konzentrieren, er mußte mich genau beobachten und sorgfältig auf den Rhythmus hören. Durch die Verbindung von auditiver Stimulation mit visuellen Eindrücken entstand ein Spiel, das Spaß machte und auch Gelegenheit bot, sensorisch und kinästhetisch zu lernen. Ich habe die Erfahrung gemacht, daß dieses rhythmische Händeklatschen eine gute Übung für die Entwicklung sprachlicher Fertigkeiten darstellt.

Scott und ich spielten noch weitere akustische Spiele: Ich imitierte Laute, die Scott produzierte, und gemeinsam erfanden wir Silbenfolgen wie „ding-ding-ding", „hug-hug-hug" oder „oh-oh-oh" und bauten sie in andere Spiele ein. Wir spielten mit den großen Knöpfen an einem Mantel, und während Scott die Knöpfe mit seinem Finger umrundete, sangen wir: „Ding-ding-ding, hug-hug-hug, oh-oh-oh." Scott saß zwischen meinen ausgestreckten Beinen am Boden, lehnte sich an mich, und wir bewegten den Oberkörper gemeinsam von hinten nach vorne, von einer Seite zu anderen oder in Form einer Acht. Bei Scott kamen jetzt auch die Silben langsamer und paßten sich häufiger dem Rhythmus seiner Körperbewegungen an.

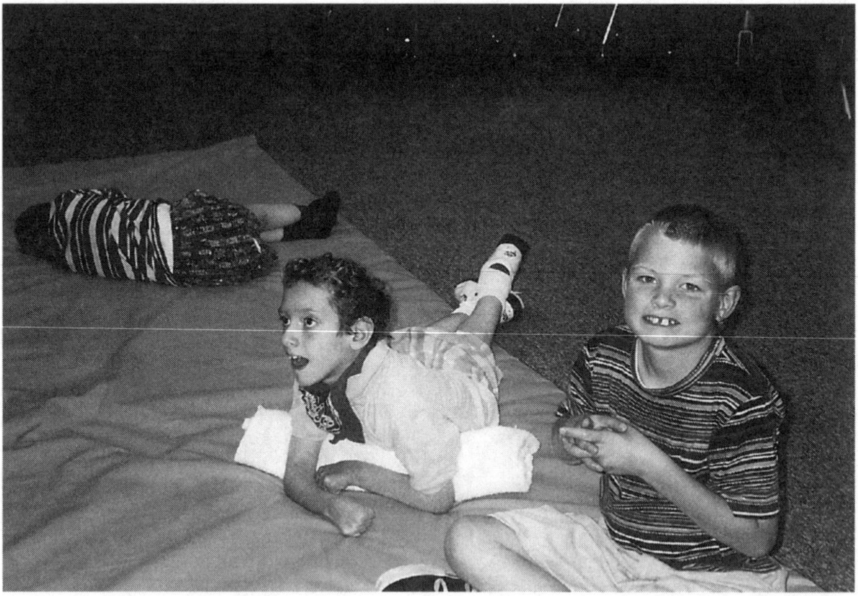

Die Wirkung von Brain-Gym® zeigte sich bei Scott in Form einer deutlich besseren Selbstwahrnehmung und Präsenz.

Ich machte diese Spiele mit Scott immer wieder und konnte im Lauf der Zeit wirkliche Fortschritte beobachten – besonders was seine Selbstwahrnehmung und seine Körpergefühl betraf. Ich glaube, daß es Scott durch die Brain-Gym® -Übungen möglich war, all das zu lernen, was im jeweiligen Augenblick möglich war. Die auditiv-linguistischen Spiele schienen besonders hilfreich zu sein, so daß er sich in der Schule eingewöhnen konnte, seine Energie unter Kontrolle bekam und das Gefühl für seinen persönlichen Raum weiterentwickelte.

Während des Schuljahrs, in dem Scott in meiner Klasse war, wiederholte er oft Reihen von anscheinend sinnlosen Lauten, zum Beispiel: „Doo-e-doo-e-doo-d-o-o-o-t-s ...“ Mehrere Wochen lang pflegte ich diese Muster so genau wie möglich zu imitieren, und anschließend zusätzliche Laute einzufügen. So konnte ich Scott für eine Erkundung der Sprache gewinnen und ihn für die Musik und die Rhythmen der fünfziger Jahre begeistern: „Dooey dooey doo dots doo dots, doo wop, shoo bop, doo wop.“ In der Stunde, die täglich für Musikhören reserviert war, ließ ich ihn Songs aus dieser Zeit anhören. Nachdem wir das Lautspiel drei Wochen betrieben hatten, hörte Scott allmählich auf, sich anscheinend wahllos irgendwelche Laute zu merken und sinnlose Aneinanderreihungen von Silben von sich zu geben. Ich forderte Scott daraufhin immer wieder auf, „seine Worte“ zu verwenden, wenn er etwas wollte. Daraus wurde ein unglaublicher Prozeß der Selbstentdeckung. Scott lernte sich klarer und angemessen auszudrücken, und gegen Ende des Schuljahrs begann er sogar, Wörter im richtigen Zusammenhang zu verwenden.

Den Raum anderer achten

Scott hat in zwei Bereichen besonders viel dazugelernt: Er fühlt sich sehr viel wohler in seinem eigenen Körper und ist sich seiner selbst und anderer besser bewußt. So wie sein Selbstgefühl gewachsen ist, hat auch seine Achtung für die Grenzen der anderen zugenommen. Scott nimmt anderen nichts mehr weg, er schubst sie nicht mehr und umarmt auch niemanden unaufgefordert. Seine Wutanfälle sind weniger geworden, von ursprünglich täglich zehn Wutanfällen sind noch ein oder zwei pro Monat erhalten geblieben.

Scotts Verhalten hat sich sehr gebessert, und so konnte er die Anwesenheitsliste alleine zu Jan, der Schulsekretärin, bringen und auch alleine in die Klasse zurückkehren. Schließlich rief er morgens nach der Ankunft bereits im Flur: „Hi! Hi! Hi! Jan Liste. Jan Liste! Flaggen! Liste!“ Wenn Scott die Liste weggebracht hatte, gingen wir zu dritt (zwei Schüler und ich) nach draußen, um die amerikanische und die kalifornische Flagge zu hissen. Scott beobachtete die Flaggen, wie sie im Wind hin und her flatterten, und machte diese Bewegung mit seinen Händen nach.

Manchmal wollte er danach mit Sigrid Kuckuck spielen. Er zog ein Hemd von der Stuhllehne über seinen Kopf und sagte: „Ich sehe dich!“ Dann lugte er hervor und rief: „Dich brauchen, ...ou, dich brauchen“, und wollte dann umarmt werden.

Während Scott seinen persönlichen Raum entdeckt, lernt er spielerisch und angemessen mit anderen Kontakt aufzunehmen, nicht nur mit den anderen Schülern, sondern mit allen Menschen in seiner Umgebung. Seine Augenbewegungen sind langsamer geworden, sein Blick irrt nicht mehr so häufig durch das Zimmer, und jetzt kann es sogar passieren, daß er kurz mit jemandem Blickkontakt aufnimmt. Scotts Eltern sind sehr erfreut über seine Fortschritte, und sie sind mir sehr dankbar, sowohl für den sicheren Ort, den ihr Sohn gefunden hat, als auch für die Selbstentdeckungen, die Scott in meiner Klasse machen konnte. Nach nur einem Jahr bei mir kam er in eine andere Klasse, in der vor allem die feinmotorischen Fähigkeiten geübt werden. Auch dort macht er weiterhin Fortschritte.

Kapitel 8

Über das Vertraute hinausgehen

Jedes Mal, wenn ein Kind etwas Neues auszuprobieren wagt, geschieht ein kleines Wunder. In meiner Klasse kommt es hin und wieder vor, daß ich Zeugin eines solchen Wunders sein darf.

Aron: Schaukeln, laufen und sprechen

Arons Geschichte zeigt, wie wichtig es ist, für ein Kind konsequent Erwartungen zu hegen und immer wieder zum Gebrauch der Sprache anzuregen, während es über seine vertrauten Verhaltensweisen hinaus Neues ausprobiert.

Jeden Morgen, wenn Aron in die Klasse kam, suchte er sich zwei kleine Gegenstände zum Spielen – einen für jede Hand –, und dann lief er ziellos herum und bewegte dabei seinen Kopf von einer Seite zur anderen. Dabei war er sich weder seiner schnellen Handbewegungen noch der übrigen Kinder bewußt. Oft drehte oder rollte er sein Spielzeug unaufhörlich auf einer glatten Oberfläche, auf dem Fußboden oder auf einem Tisch hin und her. Die Bewegung und das Geräusch beim Drehen boten ihm anscheinend die Stimulation, die er dringend brauchte.

Als ich Aron zum ersten Mal begegnete, blickte er immer nur in die Ferne und gab in Abständen Laute von sich, während er seine Spielsachen drehte. Nachdem Paul Dennison mit ihm gearbeitet hatte – wobei er sich auf die Verbindung des Sehsinns mit den Körperbewegungen konzentrierte –, schaute Aron tatsächlich auf seine Hände, während er etwas tat.

Im Lauf der Zeit beobachtete ich neugierig, wie Aron sich seiner eigenen Körperbewegungen immer stärker bewußt wurde. Nach etwa fünf Monaten ließ er sich etwas Neues einfallen. Er spielt zwar weiterhin mit zwei Spielsachen, aber er nimmt jetzt oft ein Blatt blaues Transparentpapier als Unterlage und rollt seine Spielsachen darauf hin und her. Ich glaube, daß das blaue Papier eine Art Kontext darstellt und daß es außerdem als Kontrast zur Bewegung seiner Hände dient. Da Aron sich seiner selbst jetzt stärker bewußt ist und Sehen und Körperbewegungen verbinden kann, ist er auch stärker mit allen in der Klasse präsent und weniger versunken in einer fernen Welt.

Seit ich Aron kenne, habe ich mich immer wieder bemüht, seine Silben, die Ähnlichkeit mit Wörtern haben, zu verbessern. Wenn er ein Spielzeug fallen läßt, mit dem er gespielt hat, hebe ich es auf und frage ihn, ob er damit weiterspielen möchte. Wenn sein Gesichtsausdruck ein Ja zeigt, sage ich ihm vor: „Spielzeug, Aron. Sag ‚Spielzeug'."

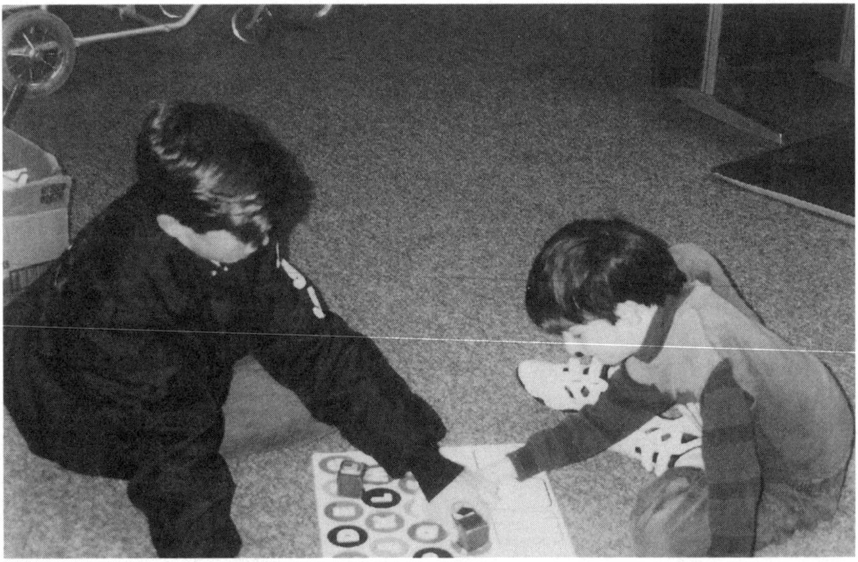

Ein Tutor aus der fünften Klasse zeigt Aron, was er bei dem Konzentrationsspiel machen muß

Aron streckt die Hand nach dem Spielzeug aus und blickt verlangend darauf. Ich gebe ihm wieder zu verstehen, daß ich das Wort von ihm hören will, und manchmal wiederholt sich das vier oder fünf Mal, bis Aron erkennt, was ich von ihm will: „Spielzeug.“ Sobald Aron etwas sagt, was so ähnlich wie das Wort klingt, sage ich: „Gut, Aron. Du hast ‚Spielzeug‘ gesagt. Ich bin froh, wenn du sagst, was du willst. Spielzeug.“ Und ich gebe ihm das Teil.

Diese Szene zeigt, daß Aron gelernt hat, ein Objekt zu fokussieren; er hat den Gedanken gefaßt, daß er den Gegenstand will, und er kann jetzt sogar einen Laut produzieren, um nach diesem Gegenstand zu fragen. Ich bin in der glücklichen Lage, daß ich Arons Sprachentwicklung genau verfolgen kann. Sie verläuft ähnlich wie bei einem Kleinkind und ist ebenso aufregend. Durch unsere Interaktionen lernt Aron denken, und er verwendet immer häufiger wortähnliche Silben. So vergrößert er sein Vokabular für das Denken und verbessert seine Fähigkeit, anderen seine Gedanken mitzuteilen.

Die Brain-Gym®-Übungen, die wir im Unterricht mit Aron machen, sollen seine Konzentrationsfähigkeit steigern, seinen Zugang zur Sprache und seine Artikulation fördern. Wir machen jetzt täglich wiederholt die *Eule* (in einer passiven, geführten Variante), die *Fußpumpe* und die *Wadenpumpe.* Wenn ich die Bewegungen mit Aron mache, führe ich sie gleichzeitig auch selbst aus. Ich kann sie genau so gut brauchen wie Aron und diene ihm gleichzeitig als Modell.

Aron bringt jetzt in der Stunde etwa drei wortähnliche Silben hervor, während er anfangs gar nicht gesprochen hatte. Seine Mutter ist glücklich, daß er mehr spricht, und sie ist so beeindruckt von der positiven Wirkung von Brain-Gym®, daß sie selbst einen Kurs gemacht hat und jetzt mindestens einmal die Woche mit Aron die Dennison-Lateralitätsbahnung macht. Ich glaube, daß diese Übung auch dazu beigetragen hat, daß Aron die Wörter, die er täglich hört, besser verstehen und anwenden kann. Wir hoffen für Aron, daß er sich weiterhin bemüht, mehr als das gewohnte Murmeln zustandezubringen, und daß sein Vorrat an Gedanken und wortähnlichen Silben zunimmt. Dann werden ihn mehr Menschen verstehen, wenn er sich äußert oder um etwas bittet.

Aron bemüht sich nicht nur, verständlich zu sprechen, er hat auch fleißig geübt, um seinen Gang zu verbessern. Sein Muskeltonus ist extrem niedrig. Anfänglich war sein Gang ungelenk, und er streckte zwischendurch unmotiviert einen Arm oder ein Bein nach vorne und ging erst dann weiter. In den ersten eineinhalb Jahren bei mir konnte Aron zwar gehen, aber nicht laufen. Jetzt läuft er mit mir, wenn ich ihn dazu auffordere, seine Bewegungen sind flüssiger und gleichmäßiger, und die unkontrollierten Bewegungen gehen jetzt mehr vom Rumpf aus, weniger von den Gliedern.

Aron kann jetzt sogar schaukeln!

Im ersten Jahr in meiner Klasse konnte Aron nicht auf einer Schaukel sitzen. Er wurde täglich durch die Dennison-Lateralitätsbahnung geführt und mußte auch für den Bewegungsablauf auf der Schaukel durch jede Einzelbewegung geführt werden. Das war nötig, da er seine Quadrizepsmuskeln in der Hüfte nicht selbst bewegen konnte, um damit seine Beine vom Boden zu heben. Jetzt, im zweiten Jahr bei mir, schaukelt Aron bereitwillig und mit Freude. Wenn dann noch ein Erwachsener immer wieder sagt: „Schaukeln macht Spaß", kann Aron drei Minuten lang aufrecht auf der Schaukel sitzen und seine Füße hochhalten.

Diese Entwicklung ist bemerkenswert, wenn man bedenkt, was von einem Achtjährigen mit einem derart niedrigen Muskeltonus normalerweise erwartet werden kann. Ursprünglich hatte man seiner Mutter Lauren mitgeteilt, daß ihr Sohn nie in der Lage sein würde zu gehen. Als Aron zweieinhalb war, hatte sie Bob Doman, einen Spezialisten für kindliche Entwicklung, in Los Angeles aufgesucht, der ihr vorgeführt hatte, wie sie *patterning* mit ihrem Sohn machen konnte (– das heißt soviel wie: Nervenverbindungen anlegen, neurologische Muster anbahnen). Lauren erzählte mir, daß sie im darauffolgenden Jahr sehr intensiv mit Aron gearbeitet und täglich Überkreuzkrabbeln geübt hatte und daß es funktionierte: Aron begann zu laufen! Die Nachwirkung dieses Überkreuztrainings kommt immer wieder zum Vorschein, wenn wir die Dennison-Lateralitätsbahnung mit Aron machen; er scheint sich an das Überkreuzkrabbeln von vor sechs Jahren zu erinnern und macht die Überkreuzbewegungen besonders gerne. Ich freue mich sehr, wenn ich zusehe, wie er lachend die Dennison-Lateralitätsbahnung macht.

Besonders inspirierend wirkt auf mich die Tatsache, daß Aron seit kurzem sein Training der Überkreuzbewegungen generalisieren kann. Beim Gehen und beim Rennen scheint er seine Haltungsmuskeln stärker einzusetzen und die Hüfte und die jeweils gegenüberliegende Schulter mit einzubeziehen. Das ist eine entscheidende Veränderung gegenüber seiner früheren, gestelzten, einseitigen Bewegungsweise. Eines Tages half Sigrid Aron die Treppe hinauf in den Therapieraum. Normalerweise schaute Aron beim Treppensteigen nach unten und ging immer sehr einseitig mit demselben Fuß voran. Er setzte nie mit dem anderen Fuß zuerst auf und paßte auch die Armbewegungen nicht an. Als Sigrid dieses Mal jedoch seine linke Hand ergriff, setzte Aron anschließend seinen rechten Fuß auf die nächste Stufe. Und als Sigrid Arons rechte Hand auf das Geländer plazierte, hob Aron von selbst seinen linken Fuß und setzte ihn auf die nächste Stufe. Beide gingen in anmutiger kontralateraler Bewegung rhythmisch die Treppe nach oben.

Ich war erstaunt und erfreut, daß Aron das Überkreuzmuster auf das Treppensteigen übertragen hatte. Wenn wir weiterhin regelmäßig die Dennison-Lateralitätsbahnung und die *Überkreuzbewegung* machen, wird Aron, so hoffe ich jedenfalls, in der Lage sein, beim Laufen oder Rennen seine Grobmotorik besser zu steuern. Und wenn seine Ganzkörperbewegungen besser koordiniert sind, wird sich sicher auch die Feinmotorik verbessern.

Roni: Die kleinen Freuden des Lebens erschließen

Roni singt beim Schaukeln, sie singt auf der Rutsche, sie singt beim Sandspielen und singt, wenn sie durch den Regen geht. Anfangs, mit sieben Jahren, wollte sie im Freien nur eines tun: schaukeln. Aus Angst ging sie an keines der anderen Geräte. Erst allmählich, im Lauf der ersten vier Monate, interessierte sie sich auch für andere Tätigkeiten, und dabei konnte ich beobachten, wie wichtig das Singen für sie ist. Roni kann viele Dinge – und besonders neue Aufgaben – besser in Verbindung mit einem Lied angehen. Wenn sie nicht singt, erscheinen ihre Bewegungen unzusammenhängend, sie setzt immer wieder neu ein. Durch den Rhythmus ihrer Lieder scheint sie selbst den Takt vorzugeben und damit für den gleichmäßigen Fluß zu sorgen, den sie braucht, um in Bewegung zu bleiben.

Eines Tages setzte ich mich auf eines der kleinen Dreiräder und schob mich mit den Füßen am Boden über den Gehweg am Spielplatz. Dabei sang ich spontan ein kleines Lied: „Fahren macht Spaß. Ich fahre gerne. Fahren macht Spaß. Fährst du mit mir? Fahren macht Spaß!"

Roni verließ ihre Schaukel und rief mir über den Spielplatz hinweg zu: „Kann ich mit dir spielen?"

„Klar", meinte ich, „ich suche ein Dreirad für dich aus." Als wir eines gefunden hatten, setzte sie sich darauf und folgte mir auf dem Gehweg, indem sie sich genau wie ich mit den Füßen anschob und dabei mein kleines Lied sang. Als der Direktor vorbeikam, lächelte er und schüttelte dabei mit gespielter Entrüstung den Kopf.

Einige Tage später brachte der Körpertherapeut ein größeres Dreirad mit einer Haftschicht auf den Pedalen, so daß Ronis Füße nicht abrutschen konnten. Jetzt mußte Roni lernen, die Pedale mit Hilfe ihrer Quadrizepsmuskeln zu bewegen. Sie hatte zunächst Angst und meinte, das Dreirad sei zu groß. Mit viel Gelächter, Singen und aufmunternden Worten vom Therapeuten und mir begann sie schließlich doch in die Pedale zu treten. Da sie nicht steuern konnte, blieb ich direkt neben ihr und sang: „Roni fährt Dreirad. Roni fährt Dreirad."

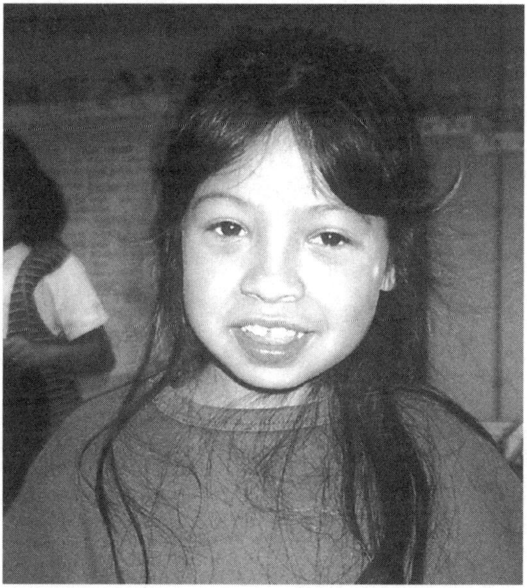

Roni singt vor sich hin und gibt damit den Rhythmus für ihre Bewegung vor.

Plötzlich wurde Roni bewußt, was sie tat. Sie hörte abrupt zu singen auf und rief ängstlich: „Runter! Ich will runter!" Ich beruhigte sie, daß sie sicher sei, und begann wieder zu singen. Und ich zeigte ihr eine Stelle am anderen Ende des Spielplatzes, etwa zehn Meter entfernt, wo sie gut absteigen konnte. Roni trat begeistert in die Pedale und schaffte es bis zur anderen Seite, angefeuert vom Lob der Umstehenden. Sie rief: „Ich habe es gut gemacht! Ich bin Dreirad gefahren!" Dann sprang sie vom Dreirad und ging auf die Schaukel zurück.

Seit diesem Tag machen wir die *Hook-ups* (zur Beruhigung) und die *Überkreuzbewegung* (um ihre Beinmuskeln und Gehreflexe zu aktivieren), bevor Roni auf das große Dreirad steigt. Ich mache mit ihr zusammen die gleichen Übungen, bin Modell für sie und genieße die positive Wirkung der Übungen. Wir singen nach wie vor, aber die zusätzlichen Brain-Gym®-Übungen scheinen für Roni Anstoß zu sein, daß sie Neues wagt. Sie wählt jetzt häufig das Dreirad anstelle der Schaukel. Und ich freue mich zu sehen, wie Roni ihre Welt erkundet.

Gaby: Sehen trainieren

Als Gaby zu mir kam, war sie sieben, ein dunkelhaariges Mädchen, das mich aus seinen braunen Augen schüchtern anschaute. Sie hatte eine Gehirnschädigung erlitten, die sich vor allem auf ihrer rechten Körperseite auswirkte und zu einer Atrophie (Schwund) des rechten Auges geführt hatte; die Iris ist verformt und kleiner als im linken Auge. Wenn ich Gaby anspreche, schaut sie mich sofort an und ist fast immer bereit zu tun, was ich ihr vorschlage. Ich stelle jedoch fest, daß Gaby, wenn ich sie nicht ansprechen würde, sehr zufrieden alleine für sich bliebe.

Sie sitzt im Rollstuhl, kann jedoch 35 Minuten in einem Stützgerät stehen; in diesem Gerät ist sie angeschnallt, damit sie nicht fallen kann, und trägt ihr Gewicht mit den eigenen Beinen. Sie hat häufig Anfälle und ist völlig auf Pflege angewiesen.

Ich mache täglich edukinestetisches Sehtraining mit Gaby und verwende dabei einen Ball, der aufleuchtet, um mich daran zu erinnern, die Sitzung nicht zu lang werden zu lassen. Ich habe herausgefunden, daß diese Übungen allgemein bei der Arbeit mit Behinderten gut einzusetzen sind. Im folgenden nenne ich einige wichtige Punkte, auf die ich vor, während und nach Gabys Sehtraining besonders achte:

1. Ich überprüfe jedes Mal, ob Gaby bereit und in der Lage ist, neue Augenbewegungen zu probieren. Dazu beobachte ich sehr genau, wie Gaby atmet, wie weit sie präsent ist und ob sie fokussieren kann.
2. Jede einzelne visuelle Fertigkeit (zum Beispiel der flexible Übergang von Nah- zu Fernsicht) wird nicht länger als eine Minute trainiert, damit Zeit für die Integration bleibt. Wenn sich eine Veränderung zeigt, unterstütze ich diese mit positivem Feedback: „Gut gemacht, Gaby. Ich finde es gut, wie du dem Licht folgst."
3. Ich achte während und nach dem Training sehr aufmerksam auf Anzeichen von Müdigkeit, Schwindel oder Verwirrung bei Gaby, einfach indem ich ihre Reaktionen oder ihre Aufmerksamkeitsspanne beobachte.
4. Ich denke daran, daß mehr desselben nicht unbedingt gut ist und daß ich Streß für Gabys Augen vermeiden muß.
5. Sigrid und ich bieten Gaby täglich die Gelegenheit, dreidimensional und in die Ferne zu sehen. Wir bringen sie ins Freie, wo sie zu-

sätzlich frische Luft und Sonne genießen kann. Wenn etwas auf dem Tisch gemacht wird, sorgen wir für genügend Licht auf der Arbeitsfläche. So wird Gaby dazu gebracht, häufiger ihre Augen zu benutzen und nicht nur in die Ferne zu starren oder gar einzuschlafen.

6. Während des Trainings trägt Gaby ihre Brille und ihre Hörhilfe. Wenn sie beides über längere Zeit benutzt, scheint sie jedoch durch die vielen sensorischen Informationen überfordert zu sein, die dann bei ihr ankommen. Deshalb nehme ich ihr die Brille und die Hörhilfe untertags immer wieder ab, damit sie zwischendurch ausruhen kann.
7. Ich spreche regelmäßig mit der Sehspezialistin der Schule und höre mir ihre Vorschläge an, bespreche Gabys Entwicklung mit ihr und lasse mich bezüglich weiterer Maßnahmen beraten. Ich finde es sehr wichtig, Informationen aus verschiedenen Quellen zu sammeln, auch wenn mir scheint, daß die Brain-Gym®-Übungen am nachhaltigsten wirken und am wenigsten Frustration mit sich bringen.

Gelegentlich mache ich auch mit allen zehn Kindern ein kurzes Sehtraining. Ich verkürze und vereinfache den Ablauf, um das Training sowohl an Gabys Bedürfnisse als auch an die Bedürfnisse der anderen Kinder anzupassen:

- Ich überprüfe jeden Tag, welche Farbe Gaby am schlechtesten fokussieren kann, und nehme diese Farbe dann für das Training. Manchmal ist dies Rot, manchmal Blau. Ist die Farbe Rot das Problem, weiß ich, daß Gaby wahrscheinlich Probleme mit dem Nahbereich hat, bei Blau kann sie eventuell nur schwer in die Ferne sehen.
- Ich überprüfe auch die Punkte, die aus der Sicht der Edukinestetik mit spezifischen visuellen Fertigkeiten in Beziehung stehen. Diese Punkte fördern die Entwicklung einzelner visueller Fertigkeiten: die Zusammenarbeit der Augen (Binokularität); die gleichzeitige Bewegung beider Augen nach innen beim Nahsehen (Konvergenz); die Führung der Augen über die visuelle Mittellinie von einem Sehfeld ins andere *(tracking)* oder die diagonale Führung für den ungleichmäßigen (astigmatischen) Einsatz des Auges; den Wechsel von Nähe zu Ferne oder von Ferne zu Nähe für eine größere visuelle

Flexibilität. Ich stelle bei Gaby fest, welcher der Punkte anschließend vorrangig stimuliert werden muß.

- Vor Beginn des Sehtrainings schalte ich die Neonleuchten im Klassenzimmer aus und eine Halogenlampe ein, die durch gedämpftes Licht eine ruhige Atmosphäre schafft. Dazu lasse ich entspannende Musik laufen. Nachdem wir uns damit eingestimmt haben, schalte ich das Halogenlicht aus und einen beleuchteten Make-up-Spiegel an. Den Schülern, die kein spezielles Sehtraining benötigen, halte ich einzeln den kleinen Spiegel vor das Gesicht und singe dabei: „Du bist so wunderbar ..." (– ein Lied von einer amerikanischen Kassette mit Entspannungsmusik für die Schule) Währenddessen arbeiten ein oder zwei Schüler mit einem Infrarotstrahler und allen greifbaren Kleidungsstücken mit fluoreszierenden Markierungen (für den Straßenverkehr), die unter diesem Licht so schön glitzern. Bei Gaby jedoch verwende ich den beleuchteten Ball oder eine Taschenlampe, deren Licht mit der gewählten Farbe bedeckt ist. Ich mache das Sehtraining mit dieser Farbe, während ich für sie singe. Alle Schüler warten geduldig, bis sie an der Reihe sind, und ich bin besonders gerührt, wenn die zwei, die etwas sprechen können, mich bei meinem Lied begleiten.

Danach lobe ich Gaby und gebe ihr zu verstehen, daß das Sehtraining für diesen Tag beendet ist. Sie ist dann gewöhnlich sehr ruhig und wartet auf die nächste Aufgabe. Sie scheint sich wohl zu fühlen und beteiligt sich, während wir gemeinsam die Anwesenheitsliste durchgehen und Sprachunterricht machen.

Gaby geht es gesundheitlich zusehends besser, und sie hat jetzt mehr Kraft. Seit wir die Sehübungen machen, hat sich ihr Sehen gebessert, ihre Augen scheinen besser zu fokussieren und zusammenzuarbeiten und sich flexibler auf unterschiedliche Entfernungen einzustellen. Gaby freut sich, wenn sie mit den Tutoren arbeiten kann, sie schaut sie an und lächelt dabei. Ihre Mutter ist mir sehr dankbar, daß Gaby immer so glücklich aus der Schule heimkommt. Ich bin tief befriedigt, wenn Eltern mir die Fortschritte bestätigen, die ich in der Schule beobachte. Ich weiß dann, daß Gabys in der Schule gemachte Erfahrungen ihre Entwicklung voranbringen, und ich bin stolz, wenn ihre Mutter mir sagt, daß sich dies auch positiv auf die ganze Familie auswirke.

Beim Keksebacken übt Gaby (hinten) ihre feinmotorischen Fähigkeiten.

Jacob: Erst blind, dann sehend

Als ich Jacob zum ersten Mal sah, konnte ich mich nur fragen: „Was mache ich nur mit diesem Jungen? Er kann nicht sehen und nicht hören. Wie soll ich wissen, was er will oder braucht?" Wie sich herausstellte, waren meine Befürchtungen nicht gerechtfertigt, denn Jacob war im allgemeinen recht entspannt. Er schien insgesamt zufrieden zu sein.

Als ich seine Mutter fragte, was sie sich für ihn erhoffe, sagte sie mit einem tiefen Seufzer: „Ich will nur, daß er sich wohl fühlt und glücklich ist." Ihre bescheidenen Hoffnungen ließen mich etwas aufatmen, denn ich konnte meine eigenen Erwartungen an mich bezüglich Jacobs

Entwicklung etwas zurückschrauben. Jetzt konnte ich mir den Jungen in Ruhe ansehen und herausfinden, wozu er wirklich in der Lage war.

Bei meiner ersten Einschätzung dachte ich: „Nun ja, wenn er nicht sehen, nicht hören, nicht essen und mir auch nicht sagen kann, was er mag, wie will ich dann herausfinden, was er tun kann?" Als ich mir dieser Frage bewußt wurde, war mir klar, daß ich gerade genauso negativ gedacht hatte wie viele Lehrer und Betreuungspersonen in Jacobs bisherigem Leben. Ich entschloß mich, meine ganze Kreativität einzusetzen, um Antworten zu finden. Und ich dachte: „Ich sehe, was er *nicht* kann, und noch weiß ich nicht, was er *kann*. Also werde ich mit den Brain-Gym®-Knöpfeübungen beginnen und feststellen, ob er sich dann wohler fühlt."

Also begann ich bei Jacob mit den *Erdknöpfen,* den *Raumknöpfen,* den *Gehirnknöpfen* und den *Balanceknöpfen.* Aber bereits diese einfachen Übungen waren zuviel Berührung für ihn. Er wurde unruhig, weinte und versuchte, sich zusammenzurollen. Ich befragte Paul Dennison, der mir riet, weniger taktile Übungen zu machen. Ich mußte mir die kleinkindlichen Entwicklungsstufen vor Augen halten und herausfinden, bis zu welcher Stufe Jacob sich entwickelt hatte.

Zu diesem Zweck verschaffte ich Jacob viele kurze, sanfte Sinneswahrnehmungen: Düfte, Berührungen, Licht, Massage seiner Hände, Musikinstrumente wie Glocken, Rumbakugeln, ein Tamburin und gelegentlich vibrierende Spielsachen. Solange ich langsam vorging, akzeptierte Jacob diese Dinge. Sein Gesichtsausdruck war nachdenklich, aber er zeigte keine Angst. Bald war er außerdem zu abgewandelten Überkreuzbewegungen bereit. Diese Stimulierung seiner Sinne hatte Jacob bisher offensichtlich gefehlt. Seine Mutter berichtete, daß er zu lachen begann und seine Augen länger offen hielt. Durch die Überkreuzbewegung und die sensorischen Übungen konnte Jacob allmählich Berührungen akzeptieren. So führte ich nach drei Monaten die Dennison-Lateralitätsbahnung ein.

Jacob ließ sich die Neubahnung *(repatterning)* nur mit Widerwillen gefallen. Wenn sie ihn an manchen Tagen zu sehr stimulierte, machte ich nur die *Überkreuzbewegung.* Bald zeigte sich die Wirkung der Dennison-Lateralitätsbahnung: Jacob konnte sein Gewicht besser tragen. Zuvor hatte Cindy, die Schultherapeutin, mir Techniken gezeigt, die

Hier mache ich mit Jacob Double Doodle (Simultanzeichnen), um bei ihm das binokulare Sehen zu stärken.

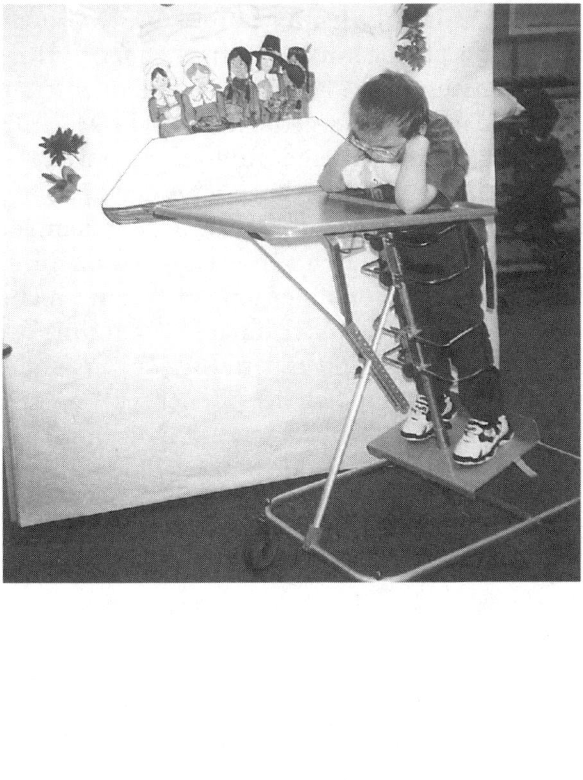

Das Stehen in der Stützvorrichtung ist neu für Jacob, der mit zehn Jahren zum ersten Mal auf seinen eigenen Füßen stand.

Jacob daran gewöhnen sollten, sein Gewicht zu tragen. Dazu hatte Jacob drei Monate täglich aufrecht über einem Ball gekniet. Aber nach nur drei Neubahnungssitzungen erkannte ich, daß sich Jacobs Aufmerksamkeit und sein Muskeltonus derart besserten, daß ich Cindy fragte, ob Jacob auch aufrecht über dem Ball stehen dürfe. Und sie gab ihre Zustimmung.

So machte ich mit Jacob zuerst die Dennison-Lateralitätsbahnung, anschließend einige Längungsübungen, um angespannte Muskeln und Sehnen zu lockern. Dann zeigte mir die Therapeutin, wie ich Jacob aufrecht gegen den Ball stellen konnte, wobei sein Gewicht gut auf beide Füße verteilt sein mußte. Nachdem wir dies etwa zwei Monate täglich geübt hatten, konnte Jacob sein Gewicht in dieser Stellung sechzehn Minuten lang selbst tragen. Um diese langsamen, aber stetigen Verbesserungen zu erreichen, muß man manchmal unendlich viel Ausdauer besitzen, aber meine Geduld wird mehr als belohnt, wenn ich sehe, wie Jacob über seine Grenzen von früher hinauswächst.

Jacob entwickelt sich weiterhin gut, er macht täglich das PACE-Programm (*Hook-ups* = P für positiv, *Überkreuzbewegung* = A für aktiv, *Gehirnknöpfe* = C für *clear*/klar, *Wasser trinken* = E für energetisch) und Längungsübungen sowie einmal pro Woche die Dennison-Lateralitätsbahnung. Er wird körperlich kräftiger. Er kann jetzt bis zu 35 Minuten im Stützgerät stehen und kann sich sogar mit entsprechender Aufforderung auf seine Unterarme aufstützen. Er kommt lächelnd oder sogar lachend zur Schule und zeigt damit, daß er gerne kommt. Er ist gerne auf dem Spielplatz und schaukelt dort auf einer Rollstuhlschaukel.

Sein Lernfortschritt ist wirklich erstaunlich angesichts der Tatsache, daß Jacob sich anfangs meist nur zusammenrollte, an seiner leicht geballten Faust nuckelte und immer schrie, wenn er hungrig war oder Beschwerden hatte. Da er taktile Stimulation im ersten Jahr bei mir nicht mochte, schlief er fast die ganze Zeit. Darüber hinaus hatten ihn Augenspezialisten fast zehn Jahre lang für blind erklärt. Im zweiten Schuljahr jedoch kam Jacobs Mutter an einem „Tag der offenen Tür" zu mir und überreichte mir als Zeichen ihrer Dankbarkeit ein Dutzend langstieliger Rosen. Ein Augenspezialist hatte gerade festgestellt, daß Jacob nicht mehr blind, sondern stark kurzsichtig war!

Jacob gilt wegen seines Tiefenastigmatismus offiziell immer noch als blind. Mit seiner neuen Brille ist seine Sehschärfe jedoch korrigierbar auf 6/6 (mit anderen Worten: Sehleistung = 100 Prozent). Er hört jetzt aufmerksam zu, wenn man mit ihm spricht, und seine Augen rollen nicht mehr so häufig in die Augenhöhlen zurück. Ich bin stolz, daß diese Veränderungen eintraten, weil ich mir die Zeit nahm, Jacobs unbekannte Fähigkeiten mit speziellen Brain-Gym®-Übungen und edukinestetischem Sehtraining auszuloten.

Vom ersten Tag an machte ich täglich das Sehtraining mit Jacob, jedoch ohne große Erwartungen. Ich folgte einfach meinem Instinkt und machte den Versuch. Jetzt besteht mein Ziel für Jacob – wie für Gaby und die anderen Schüler – darin, die gleichmäßige Ausrichtung beider Augen zu trainieren, damit das visuelle System und korrespondierende Bereiche im Gehirn angeregt werden: Ich schalte das Licht im Raum aus und das UV-Licht ein und halte ein Stoffspielzeug mit fluoreszierender Farbe etwa 30 Zentimeter vor Jacobs Gesicht. Schweigend bewege ich das Teil von links nach rechts, senkrecht, auf der Linie der *Liegenden Acht* und in Schrägrichtung.

Als ich mit dieser Stimulierung anfing, reagierte Jacob kaum, er hatte fast durchweg die Augen geschlossen. Nach Wochen öffnete er seine Augen für wenige Sekunden. Aber für mich war das wie ein Geschenk, das mir Mut machte, weiterhin geduldig durchzuhalten. Mit Unterstützung der Sehspezialistin an der Schule lernte ich, worauf ich beim Training achten mußte. Schließlich wurde meine Ausdauer belohnt: Jacob „erweckte" Teile seines Gehirns, die er nie benutzt hatte, und begann zu sehen!

Jacobs Mutter Bettina sagte zu mir, daß Jacob nie zuvor in seinem Leben so viel Fürsorge und Förderung erfahren habe. Judy, eine ehemalige Lehrerin, sah Jacob im Schwimmbad und war überrascht. Sie meinte, Jacob habe sich sehr verändert. Ihr fiel auf, daß Jacobs Arm auf der Schulter des Schwimmlehrers lag und nicht nach innen gekrümmt war, daß er wach wirkte und lächelte.

Jacob ist neugieriger geworden und kann visuellen Kontakt länger aufrechterhalten. Sowohl seine auditive wie seine räumliche Wahrnehmung haben sich verändert, da ich seine Lage immer wieder wechsle: aufrecht im Stützgerät, sitzend und in verschiedenen anderen Positionen. Er fühlt sich besser geerdet, was sich daran ablesen läßt, wie er die Zehen einrollt und wieder öffnet, daß sein Rumpf weniger gebeugt ist und daß er sich der Bewegung seiner Beine besser bewußt ist.

Ein Schülertutor führt Jacob (der vorher als blind galt) durch eine Übung zur Koordination von Hand und Auge.

Ich freue mich immer wieder, wenn ich diese kleinen Wunder beobachte, die das Ergebnis einfacher Brain-Gym®-Übungen und einer liebevollen, mitfühlenden Betreuung sind. In dieser Umgebung kann ein Kind unabhängig von seinem Entwicklungsstand lernen.

Kürzlich fragte mich Jacobs jüngerer Bruder, ob ich den Teil von Jacobs Gehirn aufwecken könne, der ihn sprechen läßt, den Teil, der ihn gehen läßt, und auch den Teil, der ihn essen läßt. Und Jeremy meinte abschließend: „Dann wäre er so normal wie ich, und wir könnten zusammen spielen." Ich hatte Tränen in den Augen, als ich sagte: „Ich werde mein Bestes tun!"

Kapitel 9

Die Gaben der Kinder zutage treten lassen

Eltern berichten oft, daß sie zwar spüren, was ihr Kind braucht, daß sie aber nicht immer die Zeit und die Möglichkeit haben, ihrer Intuition zu folgen und die Bedürfnisse zu befriedigen. Das trifft auch für mich in meiner Rolle als Lehrerin zu. Wenn ich Gelegenheit habe, ein Kind ungestört zu beobachten, spüre ich oft, welche Möglichkeiten und welches Potential hinter seinem Verhalten stecken, genauso wie das Eltern manchmal gelingt. Ich verstehe aber auch, daß es sehr viel einfacher ist, die gewohnten Verhaltensweisen zu wiederholen und so die alltägliche Routine beizubehalten.

Es steht außer Frage, daß diese Kinder auch einiges zu geben haben. Diese Gaben (im doppelten Sinne von Geschenken und Begabungen! Engl.: *gifts*) sind jedoch manchmal so ungewöhnlich verpackt, daß ich an manchen Tagen einfach zu müde bin, um sie entgegenzunehmen oder um auch nur zu bemerken, daß ich hier etwas Neues lernen kann. Dann erinnere ich mich: Auch das ist in Ordnung. Ich denke wieder daran, daß ich die Tatsache akzeptieren muß, daß es menschlich ist, müde, überfordert oder frustriert zu sein. Ich hole mir dann Unterstützung von Freunden, von meinem Mann oder von anderen Lehrern, damit ich wieder offen sein kann für die Dinge, die mir die Kinder geben, und damit der Kreislauf von Geben und Nehmen wiederhergestellt wird. Ich bleibe dann nicht mehr stecken in Spekulationen darüber, was ich für einen Schüler tun oder nicht tun könnte, sondern denke wieder daran, wie wichtig es ist, die Persönlichkeit jedes Kindes zu stärken und dem Kind bei seinen Herausforderungen zu helfen und sein Lernen zu unterstützen.

In meiner Klasse tue ich mein Bestes, um den Kindern Raum zum Erkunden zu lassen. Ich setze Grenzen, um Sicherheit zu geben, und lade jedes Kind dazu ein, zu wachsen und zu lernen. Ich versuche jederzeit dankbar zu sein für das, was sie mir geben. Und das kann ich nur, indem ich den Freuden, den Anforderungen und Frustrationen im täglichen Ablauf höchste Ideale gegenüberstelle. Diese Kinder sind genauso meine Lehrer, wie ich ihre Lehrerin bin.

Die Geschenke der Kinder an mich sind einfach erstaunlich. Sie bieten mir Gelegenheit, mein Leben und meinen Charakter auszuloten sowie mein Engagement, meine Fähigkeiten und meine Geduld zu entdecken. Sie ermöglichen mir auch, tiefer in meinen Geist einzutauchen, als ich es je für möglich gehalten habe. Sie laden mich dazu ein, weiter zu gehen, als ich es von mir aus täte; sie inspirieren mich, härter zu arbeiten und Anworten auf die vielen Fragen zu finden, die das Leben stellt. Manchmal kommen durch sie auch Fragen hoch, auf die ich keine Antworten finden kann.

Die Kinder schenken mir die Gabe der Bewußtheit, sie tragen dazu bei, daß ich mir meines gesunden Körpers bewußt werde, daß ich meine gesunden Beine und meinen aufrechten Gang zu schätzen weiß. Diese Kinder schenken mir den Schatz der Einfachheit, mit der ich die Kämpfe und Konflikte meines komplizierten Lebens hinter mir lasse und mich wie ein Kind an den Dingen freue. Ich lerne von ihnen, was es heißt, bedingungslose Liebe zu „sein", da sie mir ihr volles Vertrauen schenken und sich mit all ihren Bedürfnissen auf mich verlassen. Sie lehren mich, die Individualität anderer zu achten und das Leben als etwas Wertvolles zu betrachten. Sie lehren mich auch kleine Dinge zu schätzen. Für die Zeit, die ich mit ihnen verbringe, kann ich mein Ich zurücknehmen und einfach „sein" – präsent, verfügbar und aufnahmebereit für ihre Liebe –, und in diesen Augenblicken kann ich meine eigenen Bedürfnisse, Wünsche und Träume vergessen. Ihre Art zu geben ist ein wahres Geschenk, in meinen Augen ein Modell für wirkliches Geben.

So wie ich mit Ihnen die Geschichten über jedes der Kinder und meine Methoden teile, möchte ich Ihre Aufmerksamkeit auf die sich verändernde Dynamik in der Klasse richten. Dort werden viele Gaben angeboten und viele Lektionen gelernt.

Christina: Mehr Musik

In dem Maße, wie ich wachse und lerne, verändern sich auch die Kinder. Einmal saßen wir zum Beispiel im Kreis. Üblicherweise singen wir dabei zwei Lieder mit Unterstützung durch den Kassettenrecorder. An diesem Morgen wollte Christina weiter singen. „Mehr Musik", verlangte sie mit den wenigen Wörtern, über die sie verfügte.

Ohne zu überlegen, antwortete ich, daß die Musik vorbei sei. Es war Zeit, zur nächsten Aufgabe überzugehen: der Wiederholung des Kalenders. Wir würden noch einmal zur Musik zurückkommen, aber jetzt sei erst einmal Zeit für den Kalender, wiederholte ich. Christina, die immer noch lernen muß, ihre Wünsche mit Worten zum Ausdruck zu bringen, wird manchmal stumm, wenn sie wütend oder erregt ist. Sie wollte mehr Musik und rannte zum Kassettenrecorder, um ihn wieder einzuschalten. Ich nahm jedoch das Band heraus, bevor sie den Recorder erreichte. In ihrer Frustration nahm sie den Recorder, warf ihn auf den Boden – wo er in Stücke ging – und kauerte sich dann in eine Ecke, die Hände vor dem Gesicht.

Ich ging zu ihr hinüber, und weil sei gerade unseren teuren Kassettenrecorder zerbrochen hatte, war ich wütend und beleidigt. Ich deutete auf mein Gesicht und sagte: „Schau dir dieses Gesicht an. Das ist kein glückliches Gesicht. In diesem Klassenzimmer wirst du nichts zerbrechen. Das ist mein Kassettenrecorder! Du wirfst meinen Sachen nicht hinunter!"

Christina reagierte entsprechend. Sie revanchierte sich und verteidigte sich gegen meine Wut – so wie sie es am besten konnte: Sie biß mich. Mein Arm tat weh, und meine Gefühle waren verletzt, und doch wollte ich den Augenblick für Christina und mich nutzen, um etwas zu lernen. Ich bat eine Tutorin aus der sechsten Klasse, uns zu helfen.

Christina war in einem unberechenbaren Zustand, so daß ich die Tutorin Monica bat, Abstand zu halten. Sie sollte verbal den Kontakt zu Christina aufrechterhalten, während sie auf ihre Körpersprache und besonders auf Anzeichen für weitere Aggressionen achtete. Auf diese Weise vermittelten wir Christina, daß sie als Mensch nach wie vor von uns akzeptiert wurde, auch wenn ihr Verhalten nicht akzeptabel war. Auf meine Anregung hin zählte Monica Christina einige Dinge auf, die sie wütend machten, und erklärte ihr, wie sie ihren Ärger angemessen ausdrücken könnte. Währenddessen vereiste ich meinen Arm. Dann kehrte ich in den Kreis zurück und setzte den Unterricht fort.

Christina war in der Lage, sich fünf Wochen lang mit einer Schale aus Pappmaché als Geschenk zu *Thanksgiving* zu beschäftigen.

Nach etwa sechs Minuten meinte Monica, daß Christina anscheinend bereit sei, wieder in den Kreis zurückzukehren. Christina kam in den Kreis und sagte: „Entschuldigung." Mein Herz schmolz dahin, und mir stiegen die Tränen in die Augen. Ich erkannte, daß ich einen Machtkampf angefangen hatte. Christina hatte nur eine leidenschaftliche Bitte zum Ausdruck gebracht (wenn auch unangemessen), als sie zum Kassettenrecorder gerannt war, um mehr Musik zu spielen. Ich merkte, daß ich vergessen hatte, den Bedürfnissen der Kinder zu folgen und ihnen Priorität gegenüber dem Stundenplan einzuräumen.

Jetzt denke ich immer wieder daran, mehr auf die emotionalen Wünsche meiner Schüler zu hören. Deshalb kann es vorkommen, daß wir an manchen Tagen zwanzig Minuten und länger im Kreis sitzen und Musik hören und den Kalender nicht wiederholen. Das sind die Tage, an denen Christina oder Roni sagen „Mehr“ oder „Mehr Musik, bitte“. Christina hat mich gelehrt zuzuhören, und ich gebe ihr dafür Raum, ihre Wünsche auszudrücken.

Youana: Die Freuden des Lernens

Da Youana aus gesundheitlichen Gründen zunächst nur den halben Tag in der Schule war, blieb wenig Zeit für Brain-Gym®-Übungen. Youana war unaufhörlich in Bewegung, und deshalb entschloß ich mich zu Anfang, mit ihr ihre Mittellinie zu entdecken. Ich begann mit allen „Knöpfeübungen“, aber da ihr Kopf ständig hin und her schwankte, und sie Schwierigkeiten mit der Atmung hatte, gelang es nur schwer, einen Fokus einzuhalten. Da kein Fortschritt zu sehen war, hörte ich mit den Brain-Gym®-Übungen auf.

Als Youana aber nach einer sechswöchigen, krankheitsbedingten Pause wieder zur Schule kam, schien sie stärker zu sein, wacher und neugieriger. Zunächst stellte ich sie täglich in das Stützgerät, aber ihre Halsmuskeln waren so schwach, daß sie ihren Kopf nicht aufrecht halten konnte. Ich machte mit ihr die *Eule* und die *Gehirnknöpfe* und massierte auch die Punkte direkt unter ihren Schlüsselbeinen und unter ihren Ohren. Dadurch sollte Youana erfahren, wie sie die Halsmuskeln gebrauchen konnte, und außerdem sollten die Muskeln gestärkt werden.

Nachdem ich diese Übungen sieben Wochen lang gemacht hatte, konnte Youana ihren Kopf zehn bis fünfzehn Sekunden ohne Hilfe aufrecht halten – sie konnte ihn allerdings nicht ruhig halten. Durch diesen Erfolg ermutigt, machte ich auch die anderen Brain-Gym®-Übungen wieder; ich begann mit den *Gehirn-, Erd-, Raum-* und *Balanceknöpfen.* Als ich sah, daß sie mit erhöhter Wachheit darauf reagierte, machte ich auch die *Fußpumpe* und die *Wadenpumpe,* um den Zugang zu ihren Sprachfertigkeiten zu fördern. Als ich die *Armaktivierung* einführte, weil ich damit ihre Nackenmuskeln stärken wollte, weiteten sich Youanas Augen vor Überraschung, so daß ich mich fragte: „Was ist da drinnen gerade aufgewacht?"

Nach sechs Monaten in meiner Klasse lernte sie ihr erstes Wort. Ihre Mutter hatte Freudentränen in den Augen, als die dreizehnjährige Youana sie nun ansah und zum ersten Mal „Mama" sagte. Jetzt, da Youana kräftiger ist und ihre Gesundheit sich gebessert hat, kann sie sich länger konzentrieren und kommt gerne ganztags in die Schule. Sie bewegt immer noch ihren Kopf von einer Seite zur anderen und kann ihn höchstens für zwei oder drei Sekunden ruhig halten. Sie fühlt sich jedoch wohler in ihrem Körper und jubelt vor Freude derart, daß ihr Glück deutlich spürbar wird.

Ich glaube, daß diese Verbesserungen verschiedene Quellen haben: die Brain-Gym®-Übungen, die liebevolle Fürsorge zu Hause, das relativ neue Training in dem Stützgerät für aufrechtes Stehen, die Lagerung in Seitenlage, die neue Lernumgebung im Klassenzimmer. Das Leben ist komplex, und deshalb müssen zu verschiedenen Zeiten unter-

Bei einem Schulfest hält eine Schülertutorin (in Pfadfinderuniform) Youana den Kopf, damit sie ein ausgestopftes Tier besser sehen kann.

schiedliche Methoden und Anwendungen ausprobiert werden. Schließlich essen wir auch nicht nur Karotten, wenn wir unsere Sehfähigkeit verbessern wollen; in diesem Fall könnten wir auch Vitamine und Mineralien nehmen, das Licht im Raum heller machen, Brain-Gym®-Übungen machen oder eine Brille aufsetzen. Was im Augenblick nötig ist, läßt sich auf verschiedenen Ebenen finden.

Eines ist gewiß: Da Youanas Energie nicht mehr ausschließlich auf die Erhaltung ihrer Gesundheit ausgerichtet ist, tragen ihr Eifer und ihr verbessertes Lernvermögen sehr zur Steigerung ihrer Lebensqualität bei. Die folgende Geschichte soll zeigen, mit welch unglaublicher Geschwindigkeit sie dieses Jahr lernt:

Youanas Mutter arbeitet jeden Abend mit ihr und hilft ihr bei ihren Hausaufgaben. Ich gebe Youana oft etwas zum Lesen oder andere Übungen mit, die sie dann mit ihrer Mutter erledigt. Die Mutter liest aus dem Buch in der spanischen Version vor, und Youana beantwortet die Fragen am Ende des Kapitels auf ihre Art. Ein Außenstehender, der dabei zuschaut, mag den Eindruck haben, daß Youana ihren Namen mit Hilfestellung schreibt und dann die ganze Seite vollkritzelt. In Wirklichkeit jedoch werden Youanas Bewegungen durch das Malen geführt, sie malt, so gut sie kann, die Antwort auf die jeweilige Frage. Und sie ist danach sehr stolz, wenn ich sie in englischer Sprache lobe.

Youana profitiert sehr von der Unterstützung zu Hause, ihre Mutter ermutigt sie mit unendlicher Geduld, und Youana blüht und gedeiht. Da ich nicht spanisch spreche, kann Youana in der Schule die englische Sprache lernen, und im Moment lernt sie Rechnen bei mir. In nur zwei Wochen hat sie die Wörter für die Ziffern von eins bis zehn gelernt und kann die Zahlen jetzt auch den entsprechenden Mengen zuordnen. Wenn ich drei Gegenstände hochhalte, nennt Youana die Zahl Drei. Oder ich halte ihr fünf Finger hin und frage: „Sind das vier?“ Darauf verzieht Youana ihr Gesicht zu einem Nein. Dieser Fortschritt ist erstaunlich: Youana lernt Rechnen mit ihrer Mutter in Spanisch und mit mir in englischer Sprache.

Bevor ich im Unterricht mit Youana Zahlenübungen mache, sind erst zwei Brain-Gym®-Übungen an der Reihe, meist die *Eule* und die *Wadenpumpe,* die zusammen etwa sechs Minuten in Anspruch nehmen. Zweck dieser Übungen ist es, daß Youana räumliche Informationen leichter speichert.

Youana lernt nicht nur Naturkunde, Lesen und Rechnen, sie ist auch auf dem Weg, besser sprechen zu lernen. Nancy, die Sprachtherapeutin der Schule, hat mir bestätigt, daß meine Arbeit bei Youana Früchte trägt. Nancy hat festgestellt, daß die Laute, die Youana produziert, fast durchgehend Vokale sind – und Vokale sind die Laute, die ein Säugling beim Sprechenlernen als erste beherrscht.

Wenn ich einen Finger hoch halte und Youana frage: „Wieviele Finger?", bin ich sehr stolz, wenn sie antwortet: „Aiiin". Ich halte fünf Finger hoch, und sie sagt „i-i-i-i". Oder ich sage: „Ich heiße Cecilia Freeman" und (ich zeige auf eine Schülerin) „sie heißt Roni Burillo. Wie heißt du?" Und Youana antwortet: „Uh-ah-ah Ma-ah-ah." Daraufhin lobe ich Youana: „Das ist gut. Youana Mahata. Du bist wirklich klug!" Ich bin gerührt und wünschte mir nur, ich könnte Spanisch und ihrer Mutter direkt von ihrem großen Triumph berichten.

Roni: Überraschende Sprachentwicklung

Die jetzt achtjährige Roni verbringt mehr als ein Drittel ihrer Schulzeit in der Grundschule – im Unterricht, in der Pause und beim Mittagessen. Sie kann gut spielen, braucht allerdings manchmal Aufsicht, wenn sie übererregt wird oder Sätze oder Handlungen automatisch wiederholt. Andere Schüler sind frustriert, wenn sie sie imitiert oder unbedingt ihren Willen durchsetzen will. Roni erforscht die Welt durch Imitation und lernt durch unmittelbares Feedback von Erwachsenen oder Mitschülern.

Roni hat gelernt, bei Anweisungen auf meine Gesten zu achten. Ich fordere sie zum Beispiel auf: „Bring das zu Jan ins Büro und komm dann in die Klasse zurück." Mittlerweile weiß ich, daß Roni Zeit braucht, um den Satz zu verarbeiten. In der Vergangenheit hätte sie mich verständnislos angeschaut, und ich hätte meine Bitte wiederholt. Jetzt warte ich schweigend einige Sekunden, dann nehme ich die Mappe, die sie zu Jan bringen soll, halte sie hoch, deute auf die Tür und anschließend auf Roni. Dann wiederhole ich manchmal meine Bitte, aber wenn ich sehe, daß Roni verstanden hat, warte ich lächelnd, bis sie zu mir herkommt. Während sie die Mappe nimmt, wiederholt sie:

„Bring das zu Jan. Dann in die Klasse zurück." Und ich antworte: „Das ist richtig, Roni. Gut zugehört." Manchmal dreht sie sich dann um und sagt spontan: „Bin gleich zurück", und läuft fröhlich zur Tür hinaus.

Lassen Sie mich zurückblicken. Als Roni in meine Klasse kam, konnte sie nur wenige Wörter sagen: Mommy, Kimmy (ihre Schwester), Schule, bitte, danke, ja, nein, mehr. Sie war nie bereit, sich gemeinsamen Aktivitäten anzuschließen. Statt dessen saß sie auf einem Stuhl oder auf dem Fußboden, war verschreckt und rief oft mit Tränen in den Augen nach ihrer Mutter.

In den ersten Monaten blieb sie jeden Morgen, wenn sie ins Klassenzimmer kam, an einer Stelle stehen, sie hängte nicht einmal ihre Jacke auf, ohne daß man sie mit Worten und durch eine Berührung dazu aufforderte. Danach suchte sie sich ohne eine weitere Aufforderung ein Spielzeug aus, mit dem sie alleine spielen konnte. Sie saß dann mit ängstlichem Gesichtsausdruck da und beobachtete, wie die übrigen Schüler eintrafen. Roni wollte nicht malen, weder mit Kreide noch mit Stiften. Ihr Lieblingsspielzeug war eine Reihe drei Zentimeter großer Teddybären aus Plastik in leuchtend bunten Farben, die sie vor sich hinsetzte und immer wieder hin und her schob. Sie ging sehr breitbeinig, um besser im Gleichgewicht zu bleiben. Um sich zu konzentrieren, streckte sie die Zunge weit heraus. Wenn sie den Kopf bewegte, wirkte die Bewegung angespannt und steif. Obwohl sie Einlagen (Stützen für den Spann) in den Schuhen hatte, rollte sie die Füße nach innen ab und ging mit schwerem Schritt. Die Arme hielt sie weit vom Körper ab, die Ellenbogen angewinkelt. Wenn eine andere Schülerin oder ein Schüler ihr ein Buch oder ein Spielzeug wegnahm, rief sie weinend mehrmals nach ihrer Mutter.

Gegen Ende des ersten Schuljahrs bei mir beteiligte sich Roni immer öfter an gemeinsamen Tätigkeiten, so gut sie konnte. Wenn wir mit einer Sache fertig sind, fragt sie inzwischen oft: „Und was machen wir als nächstes?" Oder sie fragt nach, was mit den anderen Schülerinnen oder Schülern los ist. Wenn Jacob weint, fragt Roni: „Was hat Jacob denn?" Sie kann sich noch nicht alleine anziehen und zur Toilette gehen, aber sie kommt jetzt ins Klassenzimmer, hängt ihre Jacke auf, geht ans Regal und holt sich ein Spielzeug, während wir auf die übrigen Schüler warten.

Insgesamt hat Roni große Fortschritte gemacht. Sie geht in die Grundschule, wenn die Schüler aus der dritten Klasse sie abholen. Bevor sie geht, frage ich sie: „Was wird Roni tun?“ Und sie antwortet: „Ich tue mein Bestes!“ Das stammt aus einer edukinestetischen Balance, die ich mit Roni im ersten Jahr gemacht habe. Ziel war „entspannen und mein Bestes tun“. Ich hatte die Balance gemacht, da Roni fast ständig Schwierigkeiten hatte, weil sie auf dem Spielplatz andere zwickte, biß und an den Haaren zog. Ich habe beobachtet, daß sie das immer dann macht, wenn sie übermäßig erregt ist; vielleicht kann sie auf diese Weise die übermäßige Spannung im Körper abbauen. Nach der Balance erschien mir Roni bewußter und stärker präsent und deshalb auch besser in der Lage, ihr negatives Verhalten zu kontrollieren.

Roni zwickt noch gelegentlich jemanden (etwa zwei bis drei Mal im Monat), zum Beispiel wenn die anderen nicht oft genug sagen: „Ich sehe, daß Roni ihr Bestes tut; ich tue auch mein Bestes.“ Oder auch, wenn sie zu sehr stimuliert wird. Aber sie beißt nicht mehr und zieht auch nicht mehr an den Haaren. Diese Veränderung ist sehr wichtig, und die Lehrer, die am Spielplatz die Aufsicht führen, begrüßen das sehr.

Roni hat das Glück, daß Joan, die Mutter einer Grundschülerin, die regelmäßig freiwillig auf dem Spielplatz hilft, sie sehr gerne hat. Joan setzt sich manchmal beim Essen zu Roni und unterhält sich mit ihr; sie erweitert Ronis Horizont und zeigt ihr gleichzeitig, wie sie sich beim Essen verhalten sollte. Joan lernt auch mit Roni, wiederholt mit ihr die Zahlen und die Buchstaben, und sie zeigt Roni, wie sie antworten kann, wenn jemand mit ihr spricht. Die Fortschritte, die Roni durch diese Betreuung macht, sind deutlich sichtbar. Wenn sie etwas sagt oder tut, was sie von Joan gelernt hat, wird sie zur Belohnung von mir oder von meiner Assistentin Sigrid gelobt, und so nimmt Roni das neue Verhalten oft in ihr Repertoire auf. Es ist wirklich eine Freude, wie Roni sich im Lernen entfaltet.

Ich möchte Ihnen jetzt die sensomotorischen Übungen beschreiben, die meiner Meinung nach eine wichtige Voraussetzung dafür waren, daß Roni sich für ihre Umwelt und die Menschen in ihrem Umfeld öffnen konnte.

Mein erstes Ziel war, Roni ein Gefühl von Sicherheit im Klassenzimmer zu geben. Im ersten Jahr machten wir täglich einige Brain-

Roni hat sich von einem schweigenden, ängstlichen in ein lächelndes, selbstbewußteres Mädchen verwandelt.

Gym®-Übungen und begannen oft mit PACE, damit Roni ihr Bewußtsein für ihre Zentrierung und für ihren persönlichen Raum stärken konnte. Danach kamen die *Denkmütze* und die geführte, passive Variante der *Eule* zur Stärkung des Gedächtnisses, des Denkens und des Hörens. Außerdem kamen die *Liegende Acht* und die *Alphabet-Acht* (mit den Buchstaben a und b und den Buchstaben in Ronis Namen) an die Reihe, um die visuelle Flexibilität zu erhöhen.

Nach sieben Monaten erweiterten wir die Brain-Gym®-Übungen um die Dennison-Lateralitätsbahnung, damit Roni sich wohl und körperlich sicher fühlen sollte. Zusätzlich machten wir lustige, kreative Übungen, um die Integration der expressiven und rezeptiven Modalitäten zu verstärken, wobei die besondere Betonung auf den Fertigkeiten der Zuhörens und Sprechens lag. Wir machten zum Beispiel folgende Übungen:

- Ich führte Ronis Bewegungen beim Händeklatschen, dann beim rhythmischen Klatschen, und ließ sie schließlich mein Klatschen nachmachen.
- Wir produzierten Laute und Silben, zum Beispiel „ding ding ding", „hug hug hug", „oh oh oh" und „yo yo yo".
- Wir sprachen die Laute, während wir gleichzeitig etwas anderes machten, um Zuhören und Sprechen mit Körperbewegungen zu verbinden.
- Wir tasteten Hemdknöpfe ab und wählten für jeden Knopf einen anderen Ton.

Ich sprach auch immer wieder mit Nancy, der Sprachtherapeutin, über Ronis Sprachentwicklung. Nancy äußerte sich sehr positiv über die Übungen, die ich mit Roni machte. Wenn sie mit Roni alleine arbeitete, konzentrierte sie sich besonders darauf, Ronis Aussprache deutlicher werden zu lassen. Ich und meine Assistentin können Roni gut verstehen, aber manche Grundschüler machen sich über ihre fehlende Artikulation lustig oder verstehen sie einfach nur sehr schlecht. Wenn ich mich mit Nancy an das furchtsame Mädchen erinnere, das nicht einmal auf dem Spielplatz mit anderen Kindern spielen wollte, dann sind wir beide begeistert, daß Roni neuerdings bereit ist zu sagen, was sie möchte. Noch im letzten Jahr drückte sich Roni gegen die Hauswand, am ganzen Körper angespannt, und brachte vor lauter Angst keinen Ton heraus, und jetzt verläßt sie unser Klassenzimmer mit den Grundschülern und geht voller Begeisterung mit ihnen in die Grundschule hinüber. Wer Roni nicht kennt, kann sie nicht von den übrigen Schülern auf dem Schulhof unterscheiden.

Eine weitere wichtige edukinestische Verfahrensweise, die ich letztes Jahr anwendete, war das Ziel-PACE. Mit dieser eleganten Methode lassen sich schnell und genau die Kernfragen in einer bestimmten Situation identifizieren. Ich erkannte, daß ich Roni helfen könnte, sich zu öffnen, und zwar nicht, indem ich über die Ursache für das Zwicken und Beißen nachdachte, sondern durch Anwendung des Ziel-PACE. Damit konnte ich Roni indirekt fragen (da sie ihre Gefühle nicht verbal benennen konnte): „Welches ist das Gefühl, das dieses negative Verhalten unterstützt?"

Durch geschickte Beobachtung konnte ich bestimmen, an welchen Themen des Ziel-PACE Roni arbeitete. Dann konnte ich eine entsprechende Intention finden, mit der sie diese spezifische Furcht oder die jeweiligen Herausforderungen angehen konnte. Die Methode ist sehr wirkungsvoll, denn sie erlaubt mir, eigene ablenkende Gedanken beiseite zu lassen und vorsichtig in Ronis Welt einzutreten. Sobald ich das Thema und ein entsprechendes Ziel bestimmt habe, mache ich mit der Fünf-Schritte-Balance weiter, wobei ich die Brain-Gym®-Übungen modifiziere. Manchmal mache ich selbst die Übungen, die für Roni zu schwierig sind, und verfolge dabei die Absicht, als sensorisches Modell für sie zu dienen. Wenn sie zum Beispiel eine Neubahnung braucht, um Zugang zu ihrem autonomen Nervensystem zu bekommen, mache ich die Neubahnung an ihrer Stelle und beziehe dann meine gesteigerte Fähigkeit, mich gleichzeitig zu bewegen und zu denken, in meine Interaktion mit Roni ein.

Das edukinestetische Testverfahren zur Balance der sieben Dimensionen (das in Seminaren für fortgeschrittene EK-Anwender vermittelt wird) hilft mir zu entscheiden, welches physiologische System – Muskeln, Skelett, Körperchemie, Emotionen, Atmung usw. – bei Ronis unmittelbarem Verhalten am stärksten beteiligt ist. Und es ist bemerkenswert, daß sich bei Roni sofort eine Veränderung zeigt: Sie kann besser entspannen und ihr Bestes tun, und dies wird dadurch deutlich, daß sie weniger zwickt, beißt und an den Haaren zieht und voller Freude mit den Grundschülern in deren Schule geht. Ich bin immer wieder erstaunt, wie angenehm und wirkungsvoll diese Balance ist und wie vielfältig die Anwendungsmöglichkeiten.

Wenn heute die Schüler aus der Grundschule zu uns kommen, um hier ihre tägliche halbe Stunde zu verbringen, verkündet Roni laut: „Zeit für PACE!" Damit zaubert sie ein Lächeln auf mein Gesicht. In der dritten Klasse, in der Roni am Unterricht teilnimmt, wird auch täglich Brain-Gym® gemacht, so daß Roni es nicht nur bei mir in der Sonderschule erlebt. Ihre Mutter sagt, daß Ronis Fortschritte ihr Mut machten.

Ruthie: Sehen und Körperbewegung verbinden

Wenn Ruthie sich etwas aus der Nähe oder auch aus normaler Entfernung (etwa 50 Zentimeter entfernt) ansah, bewegten sich ihre Augen in alle Richtungen. (Dieses schnelle, unwillkürliche Zittern des Augapfels wird als Nystagmus bezeichnet.) Ich begann bei Ruthie zunächst mit Brain-Gym®-Übungen, die eine Verbindung zwischen dem Sehen und ihren Handbewegungen herstellen sollten. Wir begannen auch mit allen „Knöpfeübungen", um ihr Bewußtsein für ihre Bewegungen unter Einfluß der Schwerkraft zu stärken und ihr zu mehr Entspannung zu verhelfen. Ihre Übungsreihe umfaßte deshalb die *Überkreuzbewegung*, die *Gehirnknöpfe*, die *Erdknöpfe*, die *Raumknöpfe*, die *Balanceknöpfe* und das Spiel „Auto-Auto".

Ruthie lernt mit meiner Hilfe einige neue Wörter für ihren Lesewortschatz.

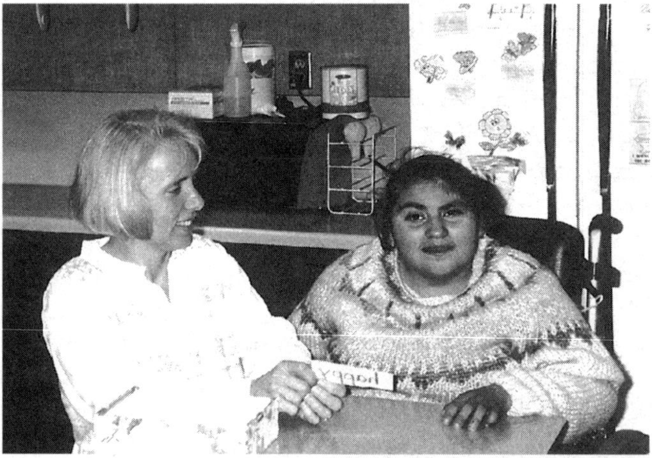

Bei „Auto-Auto", einer Übung aus dem Programm *Visioncircles™*, die ich für Ruthie abwandle, halte ich ihr die Augen von hinten zu und „fahre" mit ihr durch den Raum. Währenddessen sage ich ihr, in welche Richtung wir gehen: geradeaus, links, rechts oder rückwärts. Die Absicht dabei ist, daß Ruthie üben kann, das Sehen mit ihrer Muskelpropriozeption zu verbinden.

Mit der Zeit kam die *Denkmütze* dazu, so daß Ruthie aufmerksamer zuhören kann; außerdem die *Liegende Acht,* damit sie ihre Augen beim Lesen leichter über die Mittellinie bewegen kann; die *Alphabet-Acht,* damit Ruthie Ähnlichkeiten bei den Buchstaben erfährt und mehrere visuelle Felder aktiviert, wenn sie schreibt; die geführte *Eule,* um ihren Nacken zu entspannen und das Zuhören zu erleichtern.

Die größten Veränderungen haben sich bei Ruthie jedesmal dann gezeigt, wenn sie die *Liegende Acht* oder die *Alphabet-Acht* gemacht hat. Ich habe oft beobachtet, wie sie an ihrem Pult die *Liegende Acht* geübt und anschließend ihren Namen geschrieben hat. Ohne vorhergehende *Liegende Acht* schreibt sie ihren Namen folgendermaßen:

Nach nur 45 Sekunden Üben der *Liegenden Acht* sieht ihr Name so aus:

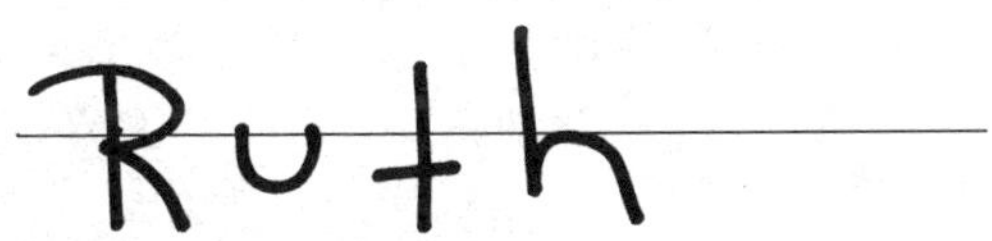

Als wir das Schreiben bereits einige Zeit geübt hatten, war ich entmutigt, weil Ruthie ihren Namen nicht ohne eine vorherige Brain-Gym®-Übung schreiben konnte. Aber Ruthie hat mir Ausdauer und Geduld beigebracht. Durch ihre Bereitschaft, jedes Mal die *Liegende Acht* zu üben, bevor sie ihren Namen schrieb, habe ich erkannt, welch eine Hilfe Brain-Gym® ist. Ruthie hat mich gelehrt, daß ich es nur nutzen muß. Durch ihr Vorbild erinnert sie mich daran, meine eigenen Brain-Gym®-Übungen zu machen!

Im Verlauf des Schuljahrs machte ich mit Ruthie zwei weitere Brain-Gym®-Aktivitäten, um ihr Sehen noch stärker mit ihren Körperbewegungen zu integrieren: die Dennison-Lateralitätsbahnung und das Sehtraining.

Für Ruthie ist das Lesen jetzt viel angenehmer geworden. Bis zum Ende des Schuljahrs kann sie mehr als dreißig Wörter lesen, und sie übt gerne Schreiben und Rechtschreibung. Ruthie hat ihre Ziele mehr als erreicht. Und was am besten ist: Sie ist dabei, mit sich zufrieden zu werden und ihre Unabhängigkeit zu behaupten.

Die Geschenke meiner Schüler

Rudy gibt mir die Einfachheit; Youana teilt ihre Freude mit mir. Scott schenkt mir seine charmante Art, Zuneigung zu zeigen. Roni beschenkt mich mit klugen Bemerkungen und erinnert mich daran, wie wichtig es ist, konsequent zu sein. Casey teilt mit mir seinen zu Herzen gehenden Blick, Aron schenkt mir das Vergnügen seines fröhlichen Glücks. Jacob bietet mir seine nachdenkliche Weisheit und erinnert mich daran, daß ich manchmal Menschen einladen muß, am Leben teilzuhaben. Lindsey gibt mir Mut und hat mir gezeigt, daß es einen Grund gibt zu glauben. Christina erinnert mich an die Bedeutung fester Grenzen, innerhalb derer Freiheit zu finden ist. Gabys Geschenk ist das Wohlgefühl ihres Körpers nach den gemeinsamen Übungen.

Es ist für uns alle, die Schüler, die Lehrer, die erwachsenen Assistenten und die Tutoren, eine große Chance, daß wir das Leben in diesem Klassenzimmer teilen dürfen, in dem so viele Lektionen und Geschenke des Lebens zu finden sind.

Kapitel 10

Wie die Arbeit mit den Kindern meine eigenen Themen voranbringt

Die meiste Zeit habe ich das Gefühl, daß ich meine Arbeit gut mache. Aber manchmal, wenn ich mich morgens der Schule nähere, überkommt mich ein Gefühl der Angst, und ein Schwall negativer Emotionen steigt in mir hoch. In solchen Augenblicken würde ich das Schulhaus am liebsten nicht betreten!

Ich liebe meine Arbeit. Ich weiß, daß die Kinder sich wohl fühlen, daß sie sich sicher und geliebt fühlen. Ich habe die Anerkennung ihrer Eltern. Sie bringen ihre Dankbarkeit in Briefen und Telefonanrufen zum Ausdruck; einmal erhielt ich an einem Elternabend sogar ein Dutzend langstieliger Rosen von einer dankbaren Mutter. Worum geht es dann bei diesen Gefühlen? Es geht um das Arbeitsumfeld.

Ich erinnere mich noch gut, wie zu Anfang meiner Unterrichtstätigkeit ein Teil meiner Begeisterung für meine Arbeit verlorenging, als ich mir meinen Weg durch den Wirrwarr bürokratischer Regeln bahnte, die in jedem Schulsystem unvermeidlich sind. Ich war durch die Apathie vieler meiner Kollegen, die schon zehn oder zwanzig Berufsjahre hinter sich hatten, abgeschreckt. Damals, 1980, schien es der lokalen Verwaltung mehr um äußere Regeln zu gehen und weniger darum, ob etwas zum Vorteil der Schüler war.

Und es gibt auch jetzt noch Tage, an denen mir das immer wiederkehrende Thema „Schulbildung als Institution oder Schulbildung für die Kinder“ Unbehagen bereitet. Sicher spüre ich oft die Befriedigung, die ein Lehrer erfährt, der für die Kinder in seiner Klasse Träume und

Visionen hat. Aber obwohl ich dreitausend Meilen und fast zwanzig Jahre von meinen ersten Unterrichtsversuchen entfernt bin, habe ich noch immer die Sorge, daß diese Träume durch eine selbstgefällige Verwaltung wie mit einer Decke erstickt werden könnten.

Es geht mir *nicht* darum, daß andere Menschen im Schulsystem *genauso* denken und handeln wie ich. Vielmehr sollten alle, die in der Schule mit Kindern arbeiten, für neue, andere Ideen und Gedanken offen sein. Bei meiner eigenen Arbeit folge ich dem von der Schulverwaltung vorgesehenen Lehrplan, aber ich versuche auch, die unterschiedlichen individuellen Bedürfnisse meiner Schüler zu berücksichtigen. Dennoch hat die bedrückende Erfahrung, innovative Methoden nur in einem Klima des Mißtrauens für das „Neue" ausprobieren zu können, mich manchmal zweifeln lassen – an mir selbst, an meiner Arbeit und an meinem Programm für die Schüler, das zuerst die Sinne anspricht.

Da die geistige und emotionale Entwicklung meiner Schüler weit hinter dem Durchschnitt ihrer Altersstufe zurückgeblieben ist, gehört es zu meinem Lehrplan, ihnen Fertigkeiten zur Lebensbewältigung beizubringen – die im traditionellen Modell als schulische Grundfertigkeiten bezeichnet würden. In vielen Klassen werden behinderte Kinder in diesbezüglichen Stunden mit Ausschneiden und Kleben beschäftigt, wobei man ihre Bewegungen lenkt. Die Kinder können dann Dinge vorzeigen, die Lehrer und Assistenten exakt für sie vorgefertigt haben. Ich nehme an, die Begründung dafür ist, daß ein Verhaltens- oder Tätigkeitsmuster durch Wiederholung eingeschliffen werden soll.

Auch wenn ich meine Schüler ebenfalls oft mit solchen Arbeiten beschäftige, so verstehe ich unter „Fertigkeiten zur Lebensbewältigung" doch mehr die grundlegenden sensorischen Fähigkeiten, wie ich sie in diesem Buch beschreibe. Für mich heißt das, daß ich bereit sein muß, auch *spontan* aus dem Moment heraus mit meinen Schülerinnen und Schülern zu arbeiten und ihrer Führung in der jeweiligen Situation zu folgen. Lehrern und Eltern von Vorschulkindern gelingt es im allgemeinen recht leicht, eine Atmosphäre zu schaffen, in der die Interessen der Kinder im Vordergrund stehen. Weniger leicht fällt das Lehrern von älteren Kindern, die sich eher an den Lehrplan oder an Stundenpläne halten, anstatt die Bedürfnisse der Kinder nach Spiel und Interaktion zu berücksichtigen. Bei der kindzentrierten Methode setzt Lernen beim Menschen und seinen Sinnen an, das heißt, Lernen beginnt damit, daß das Kind die Welt seiner Sinne und deren körperliche Dimensionen erforscht.

Ich weiß, daß ich ein Mensch bin, der im Leben das umsetzen muß, an das er glaubt. Ich sehe, daß die Bedürfnisse meiner Kinder nach Weiterentwicklung auf vorschulischem Niveau sind. So macht es für mich Sinn, mich auf die Ausbildung visueller, auditiver, taktiler, emotionaler, sozialer und kinästhetischer Fertigkeiten zu konzentrieren, die der jeweiligen Entwicklungsstufe des Kindes entsprechen. Ich bin realistisch genug, um zu wissen, daß das öffentliche Schulsystem – wenn überhaupt – nicht über Nacht verändert werden kann. Deshalb lebe ich mit Widersprüchen, die manchmal zu Konflikten und Spannungen führen. Diese Konflikte nutze ich, um mein Wissen über mich selbst zu erweitern und mein Mitgefühl und Verständnis zu vertiefen. Dazu mache ich tagsüber regelmäßig Brain-Gym®-Übungen für mich, so daß ich langsamer werden und fokussieren kann, in meiner eigenen Erfahrung zentriert bleibe und meine Gedanken loslasse, um anderen wirklich zuzuhören.

Der Führung der Schüler folgen

Ich möchte Ihnen an einem Beispiel zeigen, wie ich für die Bedürfnisse eines Kindes offen und wach bin. Wir saßen morgens alle im Kreis. Auf einmal sah ich, daß Christina Schuhe und Socken ausgezogen und vor sich auf dem Boden ein Schmutzhäufchen hinterlassen hatte. Ich stand da und schaute zu Christina hin, ich nahm mir einen Augenblick Zeit, um mich zu beruhigen – und ich machte kurz die *Gehirnknöpfe,* um geistige Klarheit zu erreichen. Ich dachte: „Nun ja, ich möchte ganz gewiß nicht, daß daraus eine Gewohnheit wird. Warum aber zieht Christina die Schuhe aus, das hat sie doch noch nie getan? Ach ja, jetzt sehe ich es, sie hat in der Pause Schmutz in die Schuhe bekommen. Das leuchtet mir ein, ich würde meine Schuhe auch ausleeren, wenn sie voller Schmutz wären."

Christina saß weiterhin ruhig auf ihrem Stuhl, nur lehnte sie sich auf einmal nach vorne, nahm etwas Schmutz in die Hand und fing an, ihn in den Mund zu stecken. Ich bemerkte, wie die Schülertutoren und Assistenten mich ansahen und auf meine Reaktion warteten. Ihr Gesichtsausdruck spiegelte deutlich ihren Abscheu wider. Ich überlegte schnell, was ich in dieser Situation am besten tun könnte: „Wie kann ich Christina Bestätigung geben und gleichzeitig von diesem nicht akzeptablen Verhalten abbringen? Wie kann ich in dieser Situation wirklich präsent sein, angemessen reagieren und dennoch Flexibilität und Achtung vorleben?"

Ich habe die Erfahrung gemacht, daß meine Einstellung von Neugier und Spontaneität geprägt sein muß, daß ich Achtung empfinden muß für mich selbst und für die Menschen, mit denen ich gerade arbeite: Dann kann ich bewußt in der Gegenwart leben und bin mit den gerade ablaufenden Ereignissen verbunden. Wenn ich aber denke, ich müßte das Geschehen steuern, verändern oder anhalten, bin ich nicht mehr mit meinen eigenen Gefühlen verbunden – nicht mehr präsent für den Prozeß.

Inmitten dieses Dilemmas war ich in der Lage, offen zu sein und wachsam für einen „lehrreichen Augenblick". Ich blieb vor der Gruppe stehen und sagte: „Christina, weißt du, was man über Menschen sagt, die Schmutz essen?" Sie sah mich fragend an, und ich antwortete: „Man sagt, daß sie mehr Mineralstoffe in ihrer Nahrung brauchen."

Christina schaute mich weiterhin zweifelnd an, aber sie hörte auf, Schmutz zu essen. „Okay", dachte ich, „ich habe also ihre Aufmerksamkeit." Dann sagte ich: „Ich sehe, daß du deine Schuhe ausgezogen hast. Das würde ich auch tun, wenn meine voller Dreck wären. Laß uns einmal sehen, wie wir den Rest des Drecks loswerden, damit du Socken und Schuhe wieder anziehen kannst."

In den folgenden Minuten ging es in unserem Unterricht um Christinas Schuhe und Socken. Ich nahm die Socken, schüttelte sie aus, tat so, als rieche ich daran, und schauspielerte dann übertrieben, so daß der Eindruck entstand, die Socken würden riechen. Alle lachten, und Christina lachte mit. Ich fragte dann: „Welche Farbe haben diese pinkfarbenen Socken?" Ein Schüler antwortete: „Pink." – „Richtig!" Und weiter: „Wieviele Socken halte ich hoch?" Ein anderer Schüler antwortete: „Zwei!" Gemeinsam fanden wir die rechte Socke, um sie Christina anzuziehen, und natürlich wartete die zweite Socke auch darauf, über den linken Fuß gezogen zu werden. Anschließend hob ich Christinas Schuhe hoch und fragte: „Wieviele Schuhe halte ich in der Hand?" Youana antwortete: „Zwei!" Und wir suchten, wie vorher bei den Socken, jeweils den rechten und den linken Schuh und zogen sie Christina an.

Als wir fertig waren, hatte Christina ihre Socken und Schuhe wieder an und fühlte sich wohl. Und wir alle hatten die Situation für eine Lektion genutzt: Zählen, Farbe erkennen, Zuordnen (ein Fuß, eine Socke; zwei Füße, zwei Socken), Bestimmen von rechten und linken Körperteilen. Wir hatten gelernt, daß jeder im Kreis zwei Füße hat und daß Socken und Schuhe an die Füße gehören. Alle waren entspannt und glücklich, so daß wir zur Wiederholung des Kalenders zurückkehren konnten.

Hätte man die Situation nach der traditionellen Methode lösen wollen, wäre das etwa so gewesen: „Ich bin der Lehrer und du bist der Schüler. Deshalb wirst du tun, was ich sage. Du mußt deine Bedürfnisse meinem Unterricht und meinem Stundenplan unterordnen." Manche Kollegen, die meine Methoden beobachteten, haben mir zu verstehen gegeben, meine Schüler bestimmten im Klassenzimmer – was implizit hieß, ich hätte meine Klasse nicht unter Kontrolle. Ich muß jedoch widersprechen. In der Tat betrachte ich meine Klasse als eine kleine Gemeinschaft, ohne einen Chef oder eine Hierarchie im traditionellen Sinn. Die erwachsenen Assistenten und Helfer sind für mich gleichberechtigte Kollegen. Die Schüler sind genauso meine Lehrer, wie ich ihre Lehrerin bin. Ich spüre, daß wir alle in dem Prozeß stecken zu lernen, wie man lernt und wie man ein besseres menschliches Wesen wird, und daß es keinen Machtkampf geben muß, sondern einen immerwährenden Lernprozeß für jedermann.

Als Lehrern habe ich die Verantwortung, die täglichen Unterrichtsstunden zusammenzustellen, ferner darauf zu achten, daß wir im Tagesplan zügig vorankommen, und die Bedürfnisse der Kinder nach besten Kräften zu erfüllen. Deshalb stellt mein Klassenzimmer eine stark strukturierte Umgebung dar, in der viele verschiedene Aktivitäten gleichzeitig stattfinden. Meine Schülerinnen und Schüler, einzigartige Individuen, die eine aktive Neugier besitzen und mich immer wieder beschenken, stehen im Mittelpunkt: Hier ist der Ausgangspunkt, an dem alles Lernen anfängt und endet. Bedenken Sie: Was ich in jener Stunde mit Christinas Schuhen wirklich lehrte (und lernte), hatte sehr viel mehr mit dem Modellieren von Problemlösungen zu tun als mit Zählen, Farbeerkennen usw. Ich war als Lehrerin vor ein Problem gestellt. Sollte ich es ignorieren, emotional darauf reagieren oder damit arbeiten?

Ich bin mittlerweile der Meinung, daß es grundlegend wichtig ist, präsent zu sein im realen Geschehen, das mir oder meinen Schülern zu irgendeinem Zeitpunkt widerfährt. Mein Unterrichtsstil ist menschlich und kommt von Herzen, und ich weiß, daß ich damit Erfolg habe. Ich habe gelernt, daß ich als Lehrer akzeptieren muß, daß es manchmal nötig ist, die eigenen Pläne und die eigenen Vorstellungen von Ordnung beiseite zu lassen und die Führung meinen Schülern zu überlassen. Das ist nicht immer einfach, denn dadurch können meine eigenen emotionalen Themen hochkommen, denen ich mich dann stellen muß. Aber ich tue mein Bestes. Da ich die Brain-Gym®-Bewegungen und die edukinestetischen Balancen zur Verfügung habe, wenn bestimmte Dinge spontan bei mir hochkommen, gelingt es mir manchmal, den wahren Ursprung meines eigenen „Programms" zu entdecken oder den Grund, warum ich daran festhalte.

An sich selbst glauben

Ich bin ein Mensch, der alles in Frage stellt, und dazu gehört auch, daß ich mich frage, welche Auswirkungen meine Handlungen auf andere haben. Der Vorteil dabei ist, daß sich aus diesem Infragestellen eine erhöhte Wachsamkeit entwickeln kann. Ich achte darauf, daß ich etwas für andere tue, meine Integrität aufrechterhalte und den Mut habe, zu meiner Wahrheit zu stehen, wenn ich mich mißverstanden fühle. Aber diese dauernde Wachsamkeit macht mich auch manchmal müde.

Daß ich meine Methoden und Techniken im Unterricht in Frage stelle, das wiederholt sich zyklisch. Ich sehe, daß die Schüler glücklich aussehen, daß sie sich körperlich besser fühlen, Grenzen erkennen lernen und bereit sind, Herausforderungen anzunehmen, zu wachsen und zu lernen. Und trotzdem frage ich mich: „Befriedige ich ihre größten und tiefsten Bedürfnisse?"

Ich sehne mich nach Modellen für meine Arbeit in der Klasse, die ich zum Vorbild nehmen könnte. Ich berate mich landesweit und in meiner Schule mit Lehrerkollegen. Aber ich komme immer wieder an den Punkt zurück, daß dies *mein* Klassenzimmer ist, in dem ich eine Umgebung schaffen muß, die *mir* entspricht, ein Umfeld, das *jedem meiner Schüler* gerecht wird und auch zu *mir* paßt.

Ich erinnere mich, daß ein Patient, den ich bis zu seinem Tod pflegte, einmal zu mir sagte: „Cecilia, vielleicht könntest du etwas weniger auf das Ergebnis fixiert sein und dafür mehr Aufmerksamkeit für den Prozeß aufbringen.“ Hm, ja ... Und im Zusammenhang mit dieser Erinnerung möchte ich Ihnen ein ermutigendes Erlebnis aus meiner Klasse erzählen.

Als sich diese Episode ereignete, ging Roni (wie schon seit Schuljahresanfang) mehr als ein Drittel des Tages in die Grundschule, einschließlich der Essenszeit und der Pausen. Wie bereits erwähnt, wird Roni oft übererregt; dann ist sie impulsiv und geht über ihre Grenzen hinaus. Oder genauer gesagt: Sie kann ihre Hände nur schwer bei sich behalten.

In einer Woche durfte Roni wegen dieses Verhaltens nicht in die Grundschule. An einem dieser Tage blieb ich während meiner Pause mit ihr auf dem Spielplatz und machte dann eine Balance mit ihr – eine Balance aus dem Repertoire der Edu-Kinestetik für Fortgeschrittene, die speziell die sieben Dimensionen der Intelligenz anspricht.

Roni saß an diesem Tag auf dem Rasen und beschimpfte beliebige Erwachsene und Schüler in ihrer Nähe: „Du stinkst“ oder „Du bist ein Baby“. Sie war dabei steif und in sich gekehrt, was sich daran zeigte, daß sie nur vor sich hin auf den Boden starrte. Ziel der Balance war, „zu spielen wie ein braves Mädchen“.

Während wir die Balance durchführten, folgte ich Roni über den Spielplatz und gab ihr die Anweisungen für die entsprechenden Übungen, so daß sie sie in ihr Spiel einbauen konnte. Während dieser zwanzig Minuten sah ich, wie Ronis Starre dahinschmolz und sie sich wohler fühlte. Als sie auf der Schaukel saß, begann sie zu singen. Sie fing auch an, sich umzuschauen, und stellte neugierig Fragen andere Schüler betreffend. Sie fragte sogar nach einem Mädchen, das an diesem Tag krank war: „Wo ist Gaby? Ich sehe Gaby nicht. Siehst du Gaby?“

Während Ronis Schultagen machen wir jetzt regelmäßig diese Balance und zusätzlich Brain-Gym®-Übungen. Und gelegentlich sagen wir zu ihr: „Roni ist ein liebes Mädchen. Ich mag nette Mädchen. Roni ist sehr nett." Nach dieser Balance verändert sich Ronis Selbstwahrnehmung so deutlich, daß ich mir sage: „Ich muß dieses Verfahren öfter einsetzen."

Wenn ich auf meine Intuition vertraue und die Methoden anwende, von denen ich weiß, daß sie einen Unterschied im Leben dieser Kinder bewirken, hat sich immer wieder erwiesen, daß mein gestärktes Selbstvertrauen die Atmosphäre in der Klasse beeinflußt und alle glücklicher sind. Ich sehe den Sinn meines Lebens darin, anderen zu dienen, denn wenn ich mich darum bemühe zu unterrichten, zu heilen und für die Kinder in meiner Klasse dazusein, werde auch ich belehrt und geheilt, und die Kinder sind für mich da. Wie Paul Dennison sagt: „Der Lehrer muß heilen. Der Heiler muß lehren.

Abschließende Betrachtungen

Da mein zweites Unterrichtsjahr mit diesen Kindern zu Ende geht, denke ich darüber nach, wieviel jedes Kind gelernt hat – trotz der Tatsache, daß jedes als schwer behindert eingestuft worden war. Rudy muß nicht mehr im Rollstuhl gebracht werden; Ruthie kann ihren Namen richtig schreiben und kann mehr als dreißig Wörter lesen; Youana versteht sowohl Englisch wie Spanisch und kommt jetzt ganztags zur Schule. Scott kann jetzt langsamer werden und seine Bedürfnisse zum Ausdruck bringen, ohne daß er schreit oder aus dem Raum läuft. Roni hat zu sprechen begonnen und kann ein Lied alleine singen – der Text ist nicht deutlich, aber das Lied ist zu erkennen.

Casey schaut mich liebevoll an, wenn ich für ihn singe; Aron kann mittlerweile die Füße heben und schaukeln, und er kommt manchmal, wenn er gerufen wird. Jacob hat gelernt, sein Gewicht mit seinen eigenen Beinen zu tragen, und kann etwas sehen. Lindseys Sehkraft ist teilweise wiederhergestellt, sie geht seit einiger Zeit wieder in die Grundschule und ist nicht mehr so wütend über ihre Behinderung. Christina hat gelernt, ihre Energien ein wenig besser zu fokussieren, und Gaby ist zunehmend wacher geworden und nimmt ihre Umgebung bewußter wahr. Viele meiner Schülerinnen und Schüler haben ein Stück weit gelernt, sich in der Gruppe sozial zu verhalten; das konnten sie vorher nicht. Wenn ich mir ansehe, was meine Schüler und ich gemeinsam in den vergangenen zwei Jahren erreicht haben, empfinde ich tiefe Befriedigung und Liebe.

Ich empfehle allen Eltern und Lehrern von behinderten Kindern wärmstens, diesen Weg kooperativer Zusammenarbeit auszuprobieren und die Geschenke anzunehmen, die uns von ihnen großzügig angeboten werden. Dazu zählen: die Gelegenheit, das Leben zu ergründen, indem wir unsere Geduld und unser Engagement prüfen und unseren Charakter und unsere Fähigkeiten erkennen; die Chance, tiefer in unseren Geist einzudringen, als wir es je für möglich gehalten haben; das Bewußtsein dafür, wieviel Glück wir doch haben, daß wir unabhängig sind, daß wir einen gesunden Körper besitzen und uns selbst fortbewegen und selbständig handeln können. Am wichtigsten ist vielleicht, daß uns diese Kinder unser gemeinsames menschliches Potential bewußt machen.

Zu den Geschenken der Kinder gehört außerdem das Bewußtsein für den Wert der Einfachheit. Damit lernen wir die Freude an einfachen Dingen kennen, zum Beispiel, wieviel es bedeutet, wenn wir unsere Arme um die Kinder legen. Oder weitere Gaben: das Gefühl bedingungsloser gegenseitiger Liebe; das unschuldige Vertrauen der Kinder und ihre Abhängigkeit von uns; unseren eigenen wiedererwachten Respekt für andere und deren Einzigartigkeit; eine erhöhte Wertschätzung für die Unantastbarkeit und für den Wert menschlichen Lebens. Und eine Gabe von unschätzbarem Wert: Die Kinder können uns lehren, für eine Weile unsere eigenen Bedürfnisse und Wünsche zu vergessen, so daß wir die Freiheit und die Befriedigung selbstlosen, aufrichtigen Gebens erfahren können.

Anhang

Entwicklungsfördernde Brain-Gym®-Übungen, modifiziert für behinderte Kinder

Die nachfolgenden Beschreibungen wurden übernommen aus: Paul und Gail Dennison, *Brain-Gym®-Lehrerhandbuch* (Kirchzarten bei Freiburg: VAK, 9. Aufl. 1998) und leicht abgewandelt. Alle Informationen des vorliegenden Kapitels stammen aus diesem Buch; zur weiteren Vertiefung können Sie dort nachschlagen. Im vorliegenden Buch werden noch weitere Verfahrensweisen aus Brain-Gym® und Vision-Gym™ erwähnt, die aber ohne Ausbildungskurse nicht angewendet werden können. Hier also die Übungsbeschreibungen für jedermann. (Sie sind zwar zunächst an Lehrer gerichtet, können aber auch von Eltern oder anderen Bezugspersonen mit behinderten Kindern ausgeführt werden.)

Längungsübungen

Während der ersten fünf Lebensmonate eines Kindes entwickelt sich der Überlebensmechanismus im Hirnstamm, der sensorische Daten aus der Umgebung aufnimmt. Dieser Mechanismus setzt in Situationen ein, in denen sich der Mensch durch zu viele Informationen überfordert fühlt oder Gefahr wahrnimmt. Der Überlebensreflex (Sehnenschutzreflex) löst eine Kontraktion der Sehnen auf der Körperrückseite aus, vom Kopf bis zu den Fersen, und er verhindert damit die Fortbewegung (gezielte Bewegungen) und blockiert die Zirkulation von Blut und Lymphe. Die Brain-Gym®-Bewegungen tragen zur Entspannung der betroffenen Muskeln und Sehnen bei und erhöhen die kinästhetische Wahrnehmung des Lernenden (Bewegungsempfindungen aus den verschiedenen Körperregionen). Sie fördern außerdem die Fähigkeit, die verschiedenen Körperregionen zu unterscheiden und eine von einem bestimmten Körperteil ausgehende Bewegung auszulösen. Die Längungsaktivitäten unterstützen ein Vorausplanen auf körperlicher Ebene. Es hat sich gezeigt, daß sie Sprache und Sprachverständnis steigern, daß sie bei spezifischen Sprachproblemen sowie bei Antriebsschwäche und Hyperaktivität nützlich sind.

Die Eule

Mit der *Eule* (hier in einer geführten, passiven Variante) werden visuelle und auditive Fertigkeiten sowie die Beweglichkeit des Kopfes zur Seite angesprochen. Dabei werden Nacken- und Schultermuskeln gelängt und damit deren Bewegungsspielraum sowie die Blutzirkulation zum Gehirn wiederhergestellt. Damit verbessern sich Aufmerksamkeit, Konzentration und Merkfähigkeit.

Für diese Übung steht der Lehrer (oder Vater oder Mutter) hinter dem Schüler und drückt den oberen Schulterbereich, während er den Schüler dazu anhält, den Kopf nach links und rechts zu drehen.

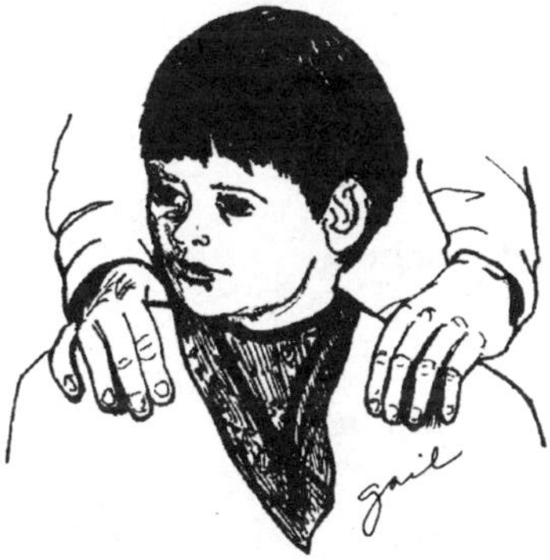

Diese Bewegung aktiviert das Gehirn für:

- Integration des tonischen Nackenreflexes
- Entspannung des oberen Trapeziusmuskels für bessere Ausrichtung von Kopf und Hals
- Kreuzen der „auditiven Mittellinie“ (auditive Aufmerksamkeit, Unterscheidung und Wahrnehmung)
- Kurz- und Langzeitgedächtnis
- Hören auf den Klang der eigenen Stimme
- Denken in Worten, Denkfähigkeit
- sakkadische Augenbewegungen (schnelle, kleine Augenbewegungen bei Fokuswechsel)
- Integration von Hören, Sehen und Körperbewegung

Die Armaktivierung

Die *Armaktivierung* ist eine isometrische Übung zum Längen der Muskulatur des oberen Brustbereiches und der Schultern. Die muskuläre Steuerung der Grobmotorik (beim Werfen, Fangen usw.) ist abhängig von der Propriozeption der Armbewegung in vielen Positionen; diese Bewegungen gehen von dem Bereich aus, der durch die Armaktivierung gelockert wird. Wenn diese Muskeln durch Verspannung verkürzt sind, können Tätigkeiten, die Feinmotorik erfordern (wie Schreiben oder der Gebrauch von Werkzeug), nur eingeschränkt ausgeführt werden.

Die Lehrerin hält beide Arme des Schülers nach oben, drückt sie sanft zu beiden Seiten gegen den Kopf, längt sie und drückt sie leicht vom Brustkorb weg nach oben.

Diese Bewegung aktiviert das Gehirn für:

- Lockerung der grobmotorischen Spannung in Schultern, Brust, Armen und Händen
- stärkere lymphatische Stimulation
- Bewußtsein für die Haltung
- Auge-Hand-Koordination und Handhabung von Werkzeugen
- Ausdrucksfähigkeit und Sprachfertigkeit
- Entspannung des Zwerchfells und verbesserte Atmung

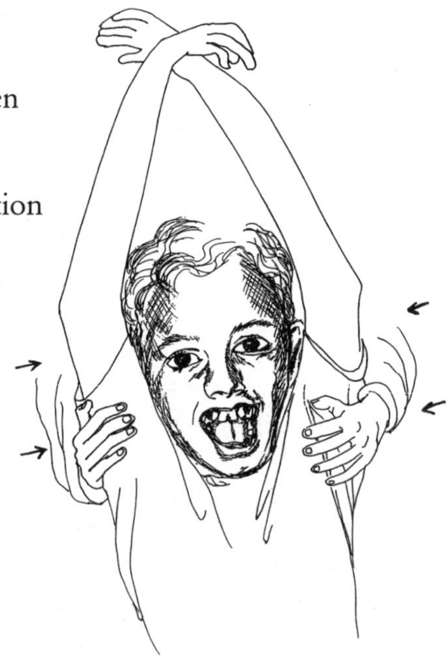

Die Fußpumpe

Die *Fußpumpe* ist ein Prozeß der „Umschulung“ einer Bewegung, der die natürliche Länge der Sehnen in den Füßen, Knöcheln und Unterschenkeln wiederherstellen soll. Die Sehnen verkürzen sich, um uns vor einer erwarteten Gefahr zu schützen. Diese Reaktion wird durch einen Reflex im Gehirn ausgelöst, der uns veranlaßt, uns zurückzuziehen oder zurückzuhalten. (Sehnenschutzreflex)

Der Lehrer hält Ursprung und Ansatz (oberes und unteres Ende) der Muskeln auf der Vorder- und Rückseite der Wade in gelängter Stellung. Gleichzeitig wird der Fuß gebeugt und gestreckt. Die Übung wird mit dem anderen Bein wiederholt.

Diese Bewegung aktiviert das Gehirn für:

- Integration von Bewegungen nach vorne und hinten (die Fähigkeit, sich zurückzuhalten, als auch diejenige, zu starten)
- die Fähigkeit, das eigene Gewicht zu tragen
- stärkeres Bewußtsein für die Haltung
- lymphatische Stimulation
- Entspannung bei Hyperaktivität und übersteigerter Wachheit
- verbesserten Selbstausdruck
- Ausdrucksfähigkeit und Sprachfertigkeit

Die Wadenpumpe

Die *Wadenpumpe* ist (wie die *Fußpumpe*) ein Verfahren zur Neu- oder Umschulung einer Bewegung, das die natürliche Länge der Sehnen in Füßen und Unterschenkeln wiederherstellen soll. Diese Übung wird mit Schülern gemacht, die auf den eigenen Beinen stehen können. Die Schülerin oder der Schüler steht eine Armlänge vom Tisch entfernt und lehnt sich dagegen, wobei sie bzw. er sich mit den Handflächen abstützt. Ein Bein ist gerade nach hinten ausgestreckt, so daß der Fußballen am Boden und die Ferse vom Boden abgehoben ist.

Der Lehrer faßt den Knöchel der Schülerin und drückt ihre Ferse nach unten. Dann wird die Ferse angehoben, und das Drücken und Hochschieben wird mehrere Male wiederholt und damit der Wadenmuskel gelängt.

Diese Bewegung aktiviert das Gehirn für:

- Integration von Bewegungen nach vorne und hinten (die Fähigkeit, sich zurückzuhalten, als auch diejenige, zu starten)
- die verbesserte Fähigkeit, das eigene Gewicht zu tragen
- stärkeres Bewußtsein für die Haltung
- stärkere lymphatische Stimulation
- Entspannung bei Hyperaktivität und übersteigerter Wachheit
- verbesserten Selbstausdruck
- Ausdrucksfähigkeit und Sprachfertigkeit

Energieübungen

Die Energieübungen machen wichtige taktile und kinästhetische Informationen (Empfindungen) über Beziehungen innerhalb des Körpers deutlicher spürbar. Das gilt vor allem für alle Auf-und-ab-Bewegungen wie Sitzen, Stehen, Auf-den-Zehen-Stehen und für die feineren Bewegungen beim Atmen, Schlucken und Ausscheiden. Dieses Gefühl für Aufgerichtetsein unter Einfluß der Schwerkraft bildet die Basis für ein Richtungsbewußtsein und das Bewußtsein für unsere Position im Raum sowie für die Position von Gegenständen in unserer Umgebung und unsere Beziehung dazu. Wenn Sehfertigkeiten auf diesem propriozeptiven Fundament aufgebaut werden, kann leicht Deckungsgleichheit hergestellt werden zwischen dem, was man sieht, und dem, was man empfindet. Ohne diese Kongruenz erschwert der Konflikt zwischen den Sinneskanälen das Lernen.

Die Energieübungen und die Haltungen zum Fördern positiver Einstellungen unterstützen: die Integration der Nervenreflexe für die Zentrierung, die für die vestibulare Balance und das Gleichgewicht Voraussetzung sind; die Sensibilität für Berührung und Geräusche; die Integration der Abläufe beim Sprechen, Saugen, Schlucken und bei der Artikulation; eine vollständige Verdauung und Assimilation; die Organisation der visuellen Wahrnehmung; das Gefühl für die eigene Gangart, das heißt den eigenen Rhythmus und das eigene Zeitgefühl.

Wasser trinken

Wasser ist ein ausgezeichneter Leiter für elektrische Energie. Der menschliche Körper besteht zu zwei Dritteln (ungefähr 70 Prozent) aus Wasser. Alle elektrischen und chemischen Aktivitäten des Gehirns und des Zentralnervensystems sind abhängig vom Leitvermögen der Bahnen zwischen dem Gehirn und den Sinnesorganen. Diese Leitfähigkeit wird durch das Vorhandensein von Wasser im Körper gesteigert, wobei Streß jedoch dem Körper Wasser entzieht. Wie Regen, der auf die Erde fällt, wird Wasser vom Körper dann am besten aufgenommen, wenn es in kleinen Mengen und dafür häufiger, das heißt regelmäßig getrunken wird.

Lehrer und Schüler trinken immer wieder Wasser, während sie zusammen arbeiten; wenn möglich essen sie auch Nahrungsmittel mit hohem Wasseranteil.

Wassertrinken aktiviert das Gehirn für:

- leistungsfähige elektrische und chemische Kommunikation zwischen Gehirn und Nervensystem
- Reinigung des lymphatischen Systems (besonders wichtig bei längerem Sitzen)
- effizientes Speichern und Wiederabrufen von Informationen

Die Gehirnknöpfe

Die *Gehirnknöpfe* regen die Versorgung des Gehirns mit Blut und Sauerstoff an und vermindern visuellen Streß, der auf das Überkreuzen der Mittellinie zurückzuführen ist.

Mit einer Hand massiert der Lehrer intensiv das weiche Gewebe unterhalb der Schlüsselbeine des Schülers, links und rechts vom Brustbein. Die andere Hand legt er auf den Nabel. Zusätzlich kann dabei ein Assistent einen Gegenstand, zum Beispiel einen Stift, in etwa 35 bis 55 Zentimeter Entfernung vom linken ins rechte Sehfeld und wieder zurück bewegen.

Die *Gehirnknöpfe* aktivieren das Gehirn für:

- Aussenden von Botschaften der rechten Gehirnhemisphäre zur linken Körperseite und umgekehrt
- verstärkte Aufnahme von Sauerstoff
- Stimulation der Halsschlagadern für verstärkte Blutzufuhr zum Gehirn
- verbesserte visuelle Koordination
- Erden und Zentrieren

Die Erdknöpfe

Die *Erdknöpfe* lassen den Lernenden die Verbindung zwischen Ober- und Unterkörper besser spüren und verstärken so die Koordination und die Stabilität. Damit wird die Aufmerksamkeit auf die vordere Mittellinie gelenkt, einen wichtigen Bezugspunkt, wenn Gegenstände im Raum in ihrer Position bestimmt werden sollen. Wenn wir unser visuelles Feld unter Bezugnahme auf unseren eigenen Körper organisieren und einteilen können, lassen sich Augen und Hände, ja, der gesamte Körper besser koordinieren.

Der Lehrer legt beim Schüler beide Hände auf dessen vordere Mittellinie. Die Fingerspitzen einer Hand liegen unter der Unterlippe, die Spitzen der anderen Hand berühren einen Punkt zwischen dem Nabel und dem oberen Rand des Schambeins.

Die *Erdknöpfe* aktivieren das Gehirn für:

- die Fähigkeit, im visuellen, auditiven und kinästhetischen Mittelfeld zu arbeiten
- Zentrierung
- Erden, zum Beispiel beim Hinuntergehen auf der Treppe
- Nach-unten-Schauen, um Dinge im Nahbereich zu tun

Die Balanceknöpfe

Die *Balanceknöpfe* sorgen für eine schnelle Balancierung in allen drei Dimensionen: links-rechts, oben-unten, hinten-vorne. Die Wiederherstellung der Balance in Hinterhaupt und Innenohrbereich hilft, den gesamten Körper zu normalisieren.

Der Lehrer hält die Balanceknöpfe des Schülers, die sich direkt über der Einbuchtung befinden, wo der Schädel auf dem Nacken ruht (in etwa 4 bis 5 Zentimeter Abstand beiderseits der hinteren Mittellinie, direkt hinter dem Warzenfortsatz des Schläfenbeins).

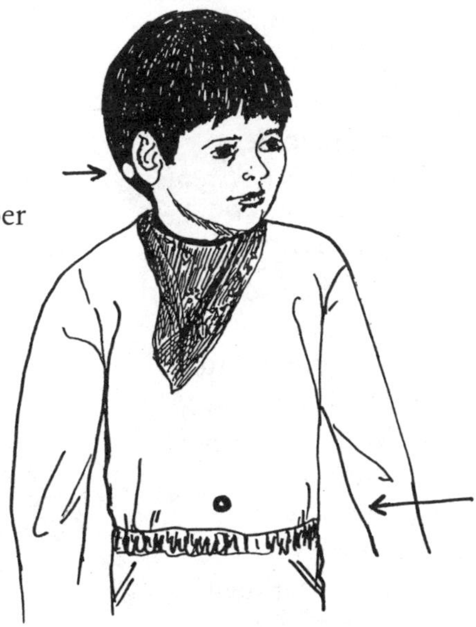

Die *Balanceknöpfe* aktivieren das Gehirn für:

- verbesserte Propriozeption für vestibulare Balance und Gleichgewicht
- Wiederherstellung des Schwerkraftzentrums im Körper
- Wachheit und Konzentration (durch Stimulieren der Formatio reticularis und der Bogengänge)
- bessere Ausrichtung von Kopf und Nacken
- Besserung bei Hyperaktivität und übersteigerter Wachheit
- Verschieben des visuellen Fokus von einer Stelle zur nächsten
- entspanntes Bewegen der Kiefer- und Schädelknochen
- das Treffen von Entscheidungen, Konzentration und assoziatives Denken

Die Raumknöpfe

Die *Raumknöpfe* bewirken, daß die Verbindung zwischen Ober- und Unterkörper besser spürbar wird, so daß die Koordination und die Stabilität erhöht werden. Das Erden, das durch diese Übung erreicht wird, hilft bei der räumlichen Orientierung.

Der Lehrer legt beim Schüler jeweils eine Hand auf die vordere Mittellinie (über der Oberlippe) und auf die hintere Mittellinie (direkt über dem Steißbein). Manchmal ist es für Schüler angenehmer, wenn auf der rückwärtigen Mittellinie ein Punkt weiter oberhalb des Steißbeins gehalten wird.

Die *Raumknöpfe* aktivieren das Gehirn für:

- räumliche Orientierung
- Zentrieren und Erden
- Entspannen des Zentralnervensystems
- Fähigkeit, im visuellen, auditiven und kinästhetischen Mittelfeld zu arbeiten
- Tiefenwahrnehmung und Wahrnehmung des visuellen Umfelds
- besseren Augenkontakt
- Übergang von Nah- zu Fernsicht

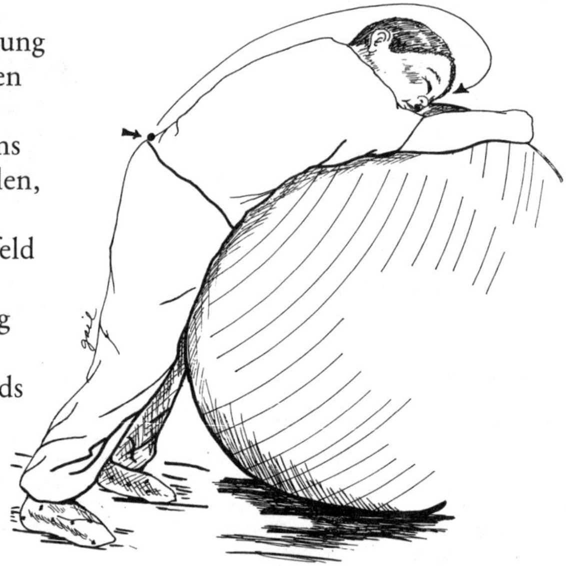

Das Energiegähnen

Gähnen ist ein natürlicher Atmungsreflex, der die Energiezufuhr zum Gehirn verbessert und den gesamten Körper stimuliert. Man sollte zwar beim Gähnen die Hand vor den Mund halten, das Gähnen aber keinesfalls unterdrücken, da es dadurch zu Kieferverspannungen kommen könnte. Bei Brain-Gym® ist Gähnen ein Zeichen „guter Erziehung“!

Die Lehrerin hält oder massiert sanft verspannte Punkte im Wangenbereich des Schülers, besonders bei den oberen und unteren hinteren Backenzähnen. Diese Übung hilft die Schädelknochen zu balancieren und löst die Anspannung von Kiefer und Gesicht. Zur besseren Entspannung seufzen Lehrerin und Schüler dabei entspannt.

Das *Energiegähnen* aktiviert das Gehirn für:

- verbesserte Funktion der Muskeln, die beim Kauen und bei der Artikulation beteiligt sind
- verstärkte Atmung und vermehrte Sauerstoffaufnahme ins Blut, und damit verbessertes und entspanntes Funktionieren von Körper und Geist
- entspanntes Sehen und zentriertes, auf einen Punkt gerichtetes Sehen (nach Janet Goodrich: „nukleares Sehen“)
- verbesserte visuelle Aufmerksamkeit und Wahrnehmung
- besser entspannte und koordinierte Bewegungen der Gesichtsmuskeln
- Intensivierung der verbalen und expressiven Kommunikation
- bessere Unterscheidung zwischen wichtigen und ablenkenden Informationen

Die Denkmütze

Diese Übung hilft, die Aufmerksamkeit des Schülers auf das Hören zu konzentrieren. Außerdem werden Verspannungen in den Schädelknochen gelöst.

Der Lehrer benutzt Daumen und Zeigefinger, um die Ohren sanft nach hinten zu ziehen und auszufalten. Beginnen Sie oben am Ohr und gleiten Sie mit sanfter Massage abwärts, die Rundung entlang bis zum Ohrläppchen, und zwar drei Mal oder öfter.

Die *Denkmütze* aktiviert das Gehirn für:

- Kreuzen der auditiven Mittellinie (einschließlich auditiver Aufmerksamkeit, Wiedererkennung, Unterscheidungsvermögen, Wahrnehmung und Speicherung)
- Hören auf die eigene Stimme
- Kurzzeit-Arbeitsgedächtnis
- Denken in Worten und Denkfertigkeiten
- größere geistige und körperliche Fitneß
- Hören mit beiden Ohren zusammen
- Anschalten der Formatio reticularis (blendet ablenkende aus wichtigen Geräuschen aus, mildert Hyperaktivität und übertriebene Wachheit)

Die Hook-ups

Die *Hook-ups* aktivieren alle Muskeln, die an der Balance des Körpers beteiligt sind, und steuern und stabilisieren so die Energie. Geist und Körper entspannen, wenn die Aufmerksamkeit zur Kern- und Haltungsmuskulatur zurückkehrt, das heißt, wenn die Energie wieder durch diejenigen Bereiche zirkuliert, die durch Verspannung blockiert waren. Das Halten der Arme und Beine in Form einer Acht (Teil 1) entspricht den Energieleitbahnen des Körpers. Das gegenseitige Berühren der Fingerspitzen (Teil 2) balanciert und verbindet die beiden Gehirnhälften.

Der Lehrer hilft dem Schüler, die Arme über der Brust (gewöhnlich mit dem rechten Arm oben) zu kreuzen und die Knöchel übereinanderzulegen (meist mit dem linken Fuß oben). Hook-ups können im Sitzen, Stehen oder Liegen gemacht werden. Für Teil 2 hält der Lehrer die Hände des Schülers zusammen, so daß sich die Fingerspitzen berühren.

Die *Hook-ups* aktivieren das Gehirn für:

- emotionales Zentrieren
- Erden
- vermehrte Aufmerksamkeit (die Formatio reticularis wird stimuliert)
- Milderung der Hyperaktivität und der übersteigerten Wachheit
- bessere Beweglichkeit der Schädelknochen
- bessere Atmung und Sauerstoffaufnahme
- Balance und Gleichgewicht

Die Positiven Punkte

Die *Positiven Punkte* fördern die Blutzufuhr vom Hypothalamus in die Stirnlappen, wo das rationale Denken angesiedelt ist.

Der Lehrer berührt sanft die Stirn des Schülers, wobei seine Fingerspitzen auf den beiden Stirnhöckern ruhen, etwa in der Mitte zwischen Haaransatz und Augenbrauen.

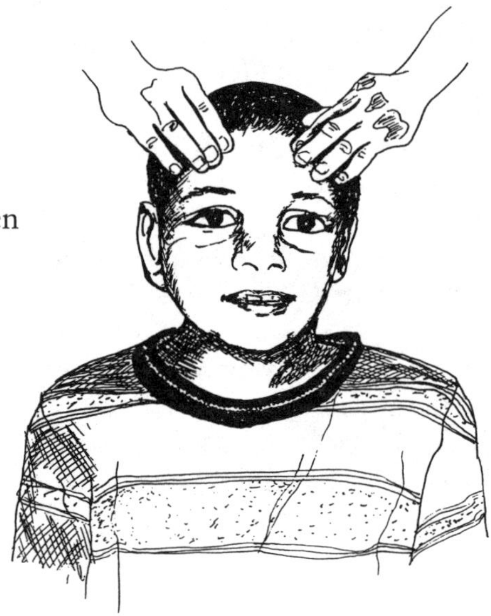

Die *Positiven Punkte* aktivieren das Gehirn für:

- bessere Atmung und Entspannung
- Zugang zu den Stirnlappen, um Streß, der mit bestimmten Erinnerungen, Situationen, Menschen, Orten oder Fertigkeiten verbunden ist, zu balancieren
- Auflösen des Reflexes, unter Streß zu agieren, ohne zu denken

Mittellinienbewegungen

Die Mittellinienbewegungen zielen auf die sensorischen Fertigkeiten, die Voraussetzung für jede bilaterale (links-rechts) Bewegung sind, bei der die Mittellinie des Körpers gekreuzt werden muß. So fördern die Mittellinienbewegungen die Integration für das Sehen mit zwei Augen (binokular) und das Hören mit zwei Ohren (binaural) und die Integration der beiden Gehirnhälften sowie der Muskeln und symmetrischen Reflexe beider Körperseiten. Die vertikale Mittellinie des Körpers ist die notwendige Bezugslinie für alle diese bilateralen Fertigkeiten. Das visuelle Mittelfeld (von Paul Dennison als erstem so definiert) ist der Bereich, in dem das Gesichtsfeld des linken und des rechten Auges einander überlappen: Dieses Überlappen erfordert, daß die beiden Augen und die auf beiden Seiten einander entsprechenden Muskeln so gut als „Team" zusammenarbeiten, daß sie wie eine Einheit funktionieren. Die Entwicklung bilateraler Bewegungsfertigkeiten (für Krabbeln, Gehen und räumliches Sehen) ist ebenfalls eine Vorbedingung für die Koordination des ganzen Körpers und für die Leichtigkeit des Lernens im visuellen Nahbereich. Die bilaterale Koordination wirkt sich auch auf die Entwicklung des Gefühls der Stabilität und der Autonomie aus.

Die Übungen tragen dazu bei, die Reflexe, die mit der Lateralität zusammenhängen, einschließlich der homolateralen Bewegungen (solche, die nur auf einer Körperseite ausgeführt werden) zu integrieren. Sie sind auch wichtig für kontralaterale Bewegungen (unabhängige Überkreuzbewegung von Armen und Beinen) und für das Überkreuzen der Mittellinie bei visuellen, auditiven oder manuellen Fertigkeiten (Lesen, Denken und Zuhören, Schreiben).

Die Überkreuzbewegung

Da die *Überkreuzbewegung* beide Gehirnhälften gleichzeitig aktiviert, ist sie die ideale Aufwärmübung für alle Fertigkeiten, die das Kreuzen der Mittellinie erfordern. In dieser kontralateralen Übung bewegen die Schüler abwechselnd die Arme, zusammen mit dem jeweils gegenüberliegenden Bein, wie beim Gehen auf der Stelle.

Die Überkreuzbewegung kann im Liegen gemacht werden, der Lehrer steuert dabei die Bewegungen des Schülers. Für eine Variation der Übung entspannt sich der Schüler, während der Lehrer abwechselnd Druck auf eine Schulter und die gegenüberliegende Hüfte ausübt, jeweils auf der Vorder- und der Rückseite des Körpers. Das kann auch im Sitzen geschehen, damit der Schüler entspannter sitzen kann.

Diese Bewegung aktiviert das Gehirn für:

- Koordination der Kern- und Haltungsmuskulatur
- Erleichterung einseitiger (homolateraler) Bewegungen
- Koordination kontralateraler Bewegungen
- verbesserte lymphatische Stimulation, besonders bei längerem Sitzen
- Kreuzen der visuell-auditiv-kinästhetisch-taktilen Mittellinie
- Links-rechts-Augenbewegungen
- Sehen mit beiden Augen zusammen
- Entspannung des Zwerchfells

An ein X denken

Das X ist das in der Gehirnorganisation verankerte Muster, das uns das Kreuzen der Mittellinie ermöglicht. Im Idealfall wird durch eine Reihe von Entwicklungsschritten in unserer Kindheit (teils einseitige Bewegungen und teils Überkreuzbewegungen) erreicht, daß die linke Gehirnhälfte die rechte Seite des Körpers steuert und die rechte Gehirnhälfte die linke Körperseite. Bewegung bereitet die linke und die rechte Hemisphäre darauf vor, kooperativ zusammenzuarbeiten, und aktiviert beide für rezeptive und expressive Prozesse. Das X erinnert an die Liegende Acht, es aktiviert linke und rechte Gehirnhälfte für Körperbewegung und Entspannung sowie beide Augen für binokulares Sehen.

Das X kann auf den Rücken des Schülers gezeichnet werden und verbindet die Schulter mit der gegenüberliegenden Hüfte.

Diese Bewegung aktiviert das Gehirn für:

- Sehen mit beiden Augen
- zentriertes, auf *einen* Punkt gerichtetes Sehen (nach Janet Goodrich: „nukleares Sehen")
- Hören mit beiden Ohren
- verbesserte Koordination des gesamten Körpers
- Entspannung des Zwerchfells und bessere Atmung
- besseres Körperbewußtsein

Die Liegende Acht

Die *Liegende Acht* (das Unendlichkeitssymbol) besitzt einen festen Mittelpunkt und rechts und links davon je eine Kreisform, die durch eine ununterbrochene Linie miteinander verbunden sind. Das Zeichnen der Liegenden Acht befähigt den Leser, die visuelle und kinästhetische Mittellinie ohne Unterbrechung zu kreuzen. Dadurch werden rechtes und linkes Auge aktiviert, das rechte und linke Sehfeld integriert und die Koordination Auge-Hand verbessert.

Der Lehrer steuert den Schüler durch die Bewegung, an der Mittellinie jeweils aufwärts und dann um die Rundung nach unten. Die Liegende Acht wird in Augenhöhe möglichst groß gezeichnet, mit Kreide oder Markern. Sie kann auch in trockenem Reis oder Sand gezeichnet werden, mit Fingerfarben oder mit anderen visuellen oder taktilen Mitteln. Die Liegende Acht kann auch auf dem Rücken des Schülers gezeichnet werden, um die propriozeptive Wahrnehmung zu stimulieren.

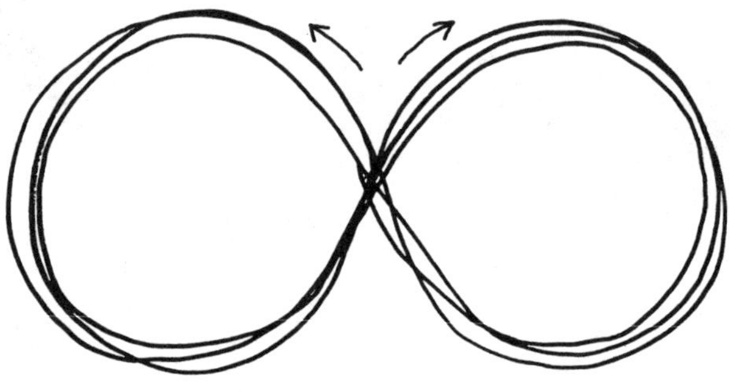

Die *Liegende Acht* stimuliert das Gehirn für:

- Kreuzen der Mittellinie für bessere Integration der Hemisphären
- Sehen mit beiden Augen
- mehr sakkadische Augenbewegungen (die schnellen, kleinen Bewegungen in dem Moment, in dem man mit seiner Aufmerksamkeit von einem Brennpunkt zum anderen geht)
- verbesserte Koordination der Augenmuskeln (speziell für das *tracking*)
- Verbesserte Augen-Hand-Koordination

Das Simultanzeichnen (Double Doodle)

Simultanzeichnen ist eine beidseitige (bilaterale) Zeichenübung, die im Mittelfeld ausgeführt wird, um den Richtungs- und Orientierungssinn des Körpers auszubilden. Simultanzeichnen wird am besten durch die großen Arm- und Schultermuskeln erfahren.

Der Lehrer steht hinter der Schülerin und steuert ihre Arme und Hände durch einige einfache Bewegungen. Der Lehrer sagt „nach außen, nach oben, nach innen, nach unten“, während er die Schülerin beim beidhändigen, simultanen Zeichnen von Rechtecken, Kreisen und anderen Figuren führt. Damit lernt die Schülerin, sich mit ihrem Richtungssinn an ihrer visuellen und kinästhetischen Mittellinie zu orientieren. Der Lehrer hört auf, die Bewegungen der Schülerin zu steuern, sobald sie fähig ist, beide Hände gleichzeitig und spiegelbildlich zu bewegen. Simultanzeichnen kann auch mit Markern, Kreide, Fingerfarbe oder Rasierschaum in Sand oder trockenem Reis ausgeführt werden.

Die Bewegung aktiviert das Gehirn für:
- Förderung des Sehens mit beiden Augen
- verbessertes peripheres Sehen
- Hand-Augen-Koordination in verschiedenen Sehfeldern
- Überkreuzen der kinästhetischen Mittellinie
- Raumbewußtsein und visuelles Unterscheidungsvermögen

Die Alphabet-Acht

Die *Alphabet-Acht* ist eine *Liegende Acht,* die für das Schreiben von Kleinbuchstaben verwendet wird. Die Übung integriert die Bewegungen, die für die Bildung dieser Buchstaben erforderlich sind, und befähigt die Schreibenden, die Mittellinie ohne Störung zu kreuzen. Jeder Buchstabe ist klar der einen oder anderen Seite der *Liegenden Acht* zugeordnet. Ein Buchstabe endet mit einem Abstrich (bei Buchstaben im linken Sehfeld) oder beginnt mit einem Abstrich (bei Buchstaben im rechten Sehfeld). Wenn Schüler die Kleinbuchstaben besser schreiben können, fällt den meisten das Schreiben allgemein leichter.

Der Lehrer steuert den Schüler durch die Liegende Acht, anschließend wird ein kleines „a" im linken Sehfeld darübergeschrieben. Die Liegende Acht wird wiederholt, dann ein „b" ins rechte Sehfeld gezeichnet. Es wird deutlich unterschieden zwischen den Buchstaben im linken Feld, die mit einer Rundung beginnen, und denen im rechten Feld, die mit einem Abstrich auf der Mittellinie anfangen und dann die Rundung nach rechts haben.

Die *Alphabet-Acht* aktiviert das Gehirn für:

- Überkreuzen der kinästhetisch-taktilen Mittellinie beim bihemisphärischen Schreiben im Mittelfeld
- gesteigerte periphere Wahrnehmung
- Augen-Hand-Koordination
- Unterscheidungs- und Merkfähigkeit für Symbole

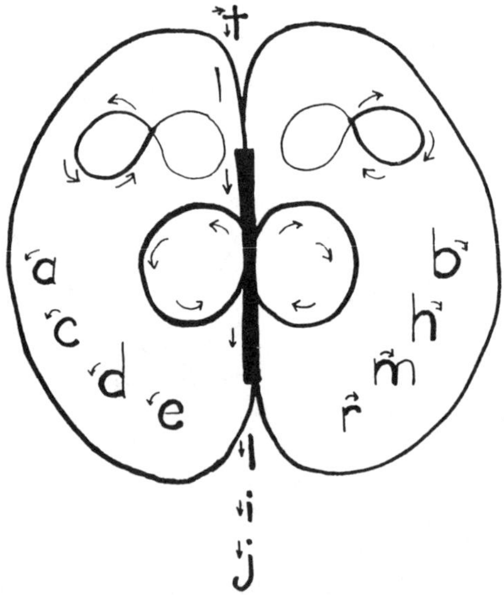

Die Beckenschaukel

Die *Beckenschaukel* löst den unteren Rücken und das Kreuzbein durch das Massieren der Unterschenkelflexoren und der Glutaeusmuskulatur (Gesäßmuskeln). Dabei werden Nerven in den Hüften stimuliert, die durch zu langes Sitzen, zum Beispiel im Rollstuhl, abgestumpft werden.

Der Schüler sitzt auf einer gepolsterten Unterlage. Der Lehrer legt einen Arm unter die gebeugten Knie des Schülers und den anderen um die Schultern, der Schüler lehnt sich gegen den Lehrer. Dieser läßt den Schüler nacheinander auf jeder Hüftseite schaukeln; durch kleine Kreisbewegungen werden die Gesäßmuskeln entspannt.

Diese Bewegung aktiviert das Gehirn für:

- Zentrieren und die Fähigkeit, im Mittelfeld zu arbeiten
- Erden und Stabilität
- visuelle Fertigkeiten für Übergang von links nach rechts
- Aufmerksamkeit und Verständnis
- Verbesserung bei Hyperaktivität oder Antriebsschwäche sowie bei übersteigerter Wachheit

Der Energetisierer

Der *Energetisierer* stärkt Unterarm-, Nacken- und Brustmuskeln und hilft dem Schüler, beide Augen gemeinsam im visuellen Mittelfeld zu benutzen. Alle diese Elemente bereiten den Lernenden auf Fertigkeiten vor, für die feinmotorische Koordination erforderlich ist.

Die Schülerin liegt auf dem Bauch und hält ihren Oberkörper und ihren Kopf oben, indem sie sich auf ihre Unterarme stützt. Ein gerolltes Handtuch unter dem Trizeps (Armstrecker) dient zur Unterstützung.

Die Bewegung aktiviert das Gehirn für:
- Stärkung von Nacken, Brust und Unterarmen
- Fähigkeit, die Mittellinie zu kreuzen
- Entspannen des Zentralnervensystems
- Sehen mit beiden Augen im Mittelfeld

Weitere edukinestetische Verfahren, die im Buch erwähnt sind

PACE: PACE ist eine Zusammensetzung aus positiv, aktiv, *clear* (klar) und energetisierend – den vier Qualitäten, die wir demonstrieren, wenn wir uns in unserem eigenen Rhythmus bewegen und lernen. In der Edu-K helfen die vier PACE-Aktivitäten, sich auf neue Tätigkeiten vorzubereiten, indem sie für eine angenehme Ausgangsposition sorgen. PACE besteht aus vier einfachen Brain-Gym®-Aktivitäten: *Wassertrinken, Gehirnknöpfe, Überkreuzbewegung* und *Hook-ups*. (Siehe auch S. 76 ff.)

Die Brain-Gym®-Balance: Eine Balance ist ein Prozeß in fünf Schritten, der in Edu-K als Teil eines umfassenden persönlichen Entwicklungsprogramms Verwendung findet. Bewegung und Lernen werden anhand der folgenden fünf Schritte zusammengebracht: (1) sich in PACE begeben; (2) Identifizieren der Aktion, die das Lernziel darstellt, den nächsten wichtigen Schritt im Lernprozeß; (3) Durchführen einer Voraktivität; (4) Durchführung eines Lernmenüs aus Brain-Gym® oder anderen Bewegungsübungen zur Aktivierung des Gehirns; (5) Wiederholung der Voraktivität jetzt als Nachaktivität, anschließend feiern und Ziel ankern. (Siehe auch S. 82)

Das Zielrad: Dieses Ziel-PACE hilft dem Lehrer, ein angemessenes Ziel für den Schüler zu identifizieren und festzulegen. Die Absicht hinter dem Ziel besteht darin, körperliche, geistige und emotionale Elemente zu verbinden. Ich verwende das Zielrad bei Schülern, die ihre Wünsche oder Ziele nicht mit Worten ausdrücken können. (Siehe S. 156 f.)

Die sieben Dimensionen der Intelligenz: In diesem Prozeß werden die sieben Dimensionen der Intelligenz angesprochen, da jede zum gesamten System von Geist und Körper in Beziehung steht. Die Körperhaltung und die Körpersprache lassen auf die Gehirnorganisation schließen, und jede der sieben Dimensionen stellt ein Bezugssystem von Struktur und Funktion dar.

Ich verwende die Balance der sieben Dimensionen manchmal für ein Kind, das eine tiefergehende Integration zu brauchen scheint, oder wenn die Brain-Gym®-Bewegungen nicht die erhoffte Wirkung zeigen.

Sehtraining: Das im Buch beschriebene Sehtraining folgt dem Modell der *Creative Vision Balance* aus dem Edu-K-Kurs für Fortgeschrittene:

Die sieben Dimensionen der Intelligenz. Dabei beschäftigt man sich mit den grundlegenden strukturellen, muskulären und elektromagnetischen Funktionen, die mit den alteingefahrenen Seh- und Haltungsgewohnheiten in Beziehung stehen. Durch eine Verbesserung der Balance und der Koordination des gesamten Körpers und durch die Integration der Sinne werden visuelle Fertigkeiten angesprochen. Ist ein Sehtraining erforderlich, kann das eine Gelegenheit sein, Augenfunktionen so zu lernen, daß weniger Streß oder Anspannung damit verbunden ist. Es kann auch die Gelegenheit sein, Bewegung und Emotionen auf einer höheren Funktionsebene zu integrieren. Paul Dennison fand heraus, daß neue oder weniger streßanfällige visuelle Muster in nur wenigen Minuten erlernt werden können, wenn die Schüler bestimmte Punkte halten, während sie Übungen zur Verbesserung des Sehens machen. (Bei den behinderten Schülern werden diese Punkte für sie gehalten.)

Dennison-Lateralitätsbahnung: Die Dennison-Lateralitätsbahnung (siehe S. 82 f.) ist eine wirklich einfache Serie von Übungen, bei denen beide Körperseiten koordiniert werden, damit das Überkreuzen der Mittellinie geübt werden kann. Das Kreuzen der visuell-auditiv-kinästhetischen Mittellinie fördert die Gehirnaktivität und die Organisation des gesamten Körpers, indem die natürliche Entwicklung des Kleinkinds in der Kriech- und Krabbelphase simuliert wird. (Weitere Informationen dazu in Dennison: *EK für Kinder,* Kirchzarten bei Freiburg: VAK, 13. Aufl. 1997)

Briefe dankbarer Eltern

Die Eltern meiner Schüler konnten bei ihren Kindern bemerkenswerte Fortschritte beobachten, und einige brachten ihren Dank schriftlich zum Ausdruck. Eine Mutter schrieb am Ende des ersten Schuljahrs an den Direktor der Schule:

„Ich möchte mit diesem Brief zum Ausdruck bringen, wie sehr ich mit dem Unterricht meines Sohnes im vergangenen Schuljahr zufrieden bin. Aron hat in der Klasse von Cecilia Freeman erstaunliche Fortschritte gemacht. Seine Aufmerksamkeitsspanne ist länger geworden, sein Verständnis hat sich erweitert, er kommuniziert häufiger mittels Gesten oder Worten (die schließlich auch von anderen verstanden wurden), und er spielt mit anderen Kindern. Mit Cecilias Anleitung hat er auch einige Dinge gebastelt, die ich sehr schätze.

Arons erster Ausflug auf einem Dreirad zaubert ein glückliches Lächeln auf sein Gesicht.

Cecilia setzt moderne Methoden wie Brain-Gym® sehr sensibel ein, sie versteht Arons spezielle Bedürfnisse und kann hervorragend kommunizieren. Deshalb kann Aron Dinge tun, die man ihm nie zugetraut hätte. Ich bin überzeugt, daß er jetzt die Chance hat, sein Potential voll auszuschöpfen. Es ist keine Übertreibung, wenn ich behaupte, daß diese engagierte Lehrerin unser Leben deutlich positiv verändert hat. Sie hat uns wieder hoffen lassen.

Auch bei anderen Kindern dieser Klasse konnte ich erstaunliche Veränderungen feststellen. Rudy scheint ein anderes Kind geworden zu sein, kräftig und gesund. Bei Casey fließt der Speichel fast nicht mehr. Roni hat sich zu einem hübschen, lächelnden Mädchen entwickelt. Vielen Dank für dieses fast unglaubliche Jahr. Auf Wiedersehen im September! ...“

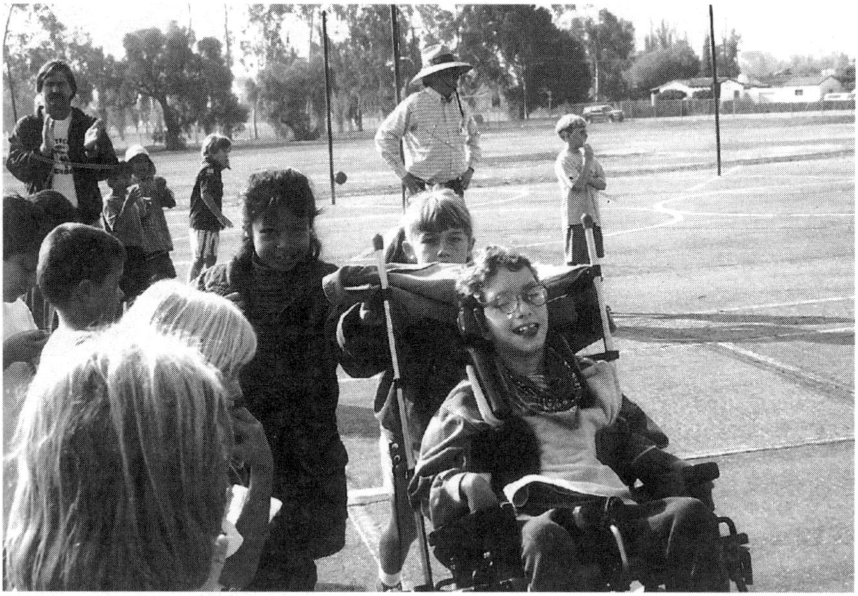

Casey (im Rollstuhl) genießt das Zusammensein mit gleichaltrigen Lernhelfern auf dem Spielplatz.

Zwei Elternpaare bedankten sich bei mir, indem sie mich für eine Auszeichnung vorschlugen, für den Amgen Award for Teacher's Excellence von der Amgen Foundation in Thousand Oaks in Kalifornien. Hier einer der Briefe:

Sehr geehrtes Komitee!

Ich möchte hiermit Cecilia Freeman für Ihre Auszeichnung als Lehrerin des Jahres vorschlagen. Sie unterrichtet Schüler zwischen sieben und dreizehn Jahren an einer Schule für Schwerbehinderte. Die Kinder ihrer Klasse weisen sehr unterschiedliche Behinderungen auf, von

Autismus bis zu Schüttellähmung. Einige können gehen, andere sitzen im Rollstuhl. Einige können selbständig essen, andere werden intravenös ernährt. Einige sprechen, manche geben Laute von sich, und wieder andere können überhaupt nicht sprechen. Cecilia kümmert sich liebevoll um alle Kinder.

Diese Kinder sind nicht nur Schüler, sie wirken auch als Lehrer. Cecilia teilte mir mit, daß sie die Kinder ohne Worte bittet, sie zu lehren, was sie von ihr brauchen. Irgendwie tun sie das, und Cecilia hört sie offensichtlich auch, denn sie hatte bei ihren Schülern große Erfolge zu verzeichnen. Dafür einige Beispiele:

Ein autistischer Junge kann mittlerweile seine Gefühle mit Worten zum Ausdruck bringen. Zuvor konnte er seine Frustration nur durch störende, durchdringende Schreie ausdrücken. Ein ursprünglich mißmutiges Mädchen ist jetzt redselig und glücklich. Sie besucht regelmäßig die dritte Klasse der Grundschule. Ein Zehnjähriger, der von Anfang an im Rollstuhl saß, kann jetzt sein Gewicht mit seinen Füßen tragen. Vorher praktisch blind, kann er jetzt sehen. (Dies wurde von einem bekannten Neurologen bestätigt.) Ein autistisches Mädchen, das jedes Mal, wenn die Tür geöffnet wurde, in die entfernteste Ecke stürzte, bleibt jetzt bereitwillig im Klassenzimmer.

Warum und wie konnte Cecilia derartige Erfolge erzielen, wo dies nur wenigen gelingt? Vielleicht sind ihre Fragen der Schlüssel. Sie fragt immer warum und wie – während sie forscht, erfindet, sammelt und lehrt. In diesem Prozeß wirkt sie Wunder, und Eltern und Kinder lieben sie dafür. Wählen Sie bitte Cecilia Freeman zur „Lehrerin des Jahres“. Für uns ist sie das auf alle Fälle.

Mit freundlichen Grüßen
Laura

Danksagung von C. Freeman

Ich bin Gail Dennison unendlich dankbar für ihre Beratung beim Verfassen dieses Buches, die sie mir in vielen Stunden hat angedeihen lassen. Ihre Fähigkeit, sich auf das Wichtige zu konzentrieren, fasziniert mich nach wie vor. Mit Gails Unterstützung gelang es mir, die Brain-Gym®-Techniken tiefer zu verstehen und zu erweitern. Sie hat mir geholfen, die Geschichten und Ereignisse zu ordnen und so zu formulieren, daß die Kinder meiner Klasse sich in einer liebevollen Darstellung wiederfinden.

Außerdem möchte ich danken:

... Paul Dennison, der mich mit klarem Geist und profundem Verständnis für die Zusammenhänge zwischen Bewegung und Lernen in meinen Bemühungen unterstützt.

... Wayne Freeman, dessen liebevolle Unterstützung unser Heim zu einem sicheren Ort macht, von dem aus ich das Leben weiterhin als Abenteuer erfahren kann.

... allen Kollegen, die mich unterstützten, als ich als erste anfing, auf die beschriebene Art mit vielfach behinderten Menschen zu arbeiten.

... allen meinen Schülern und ihren Eltern, die auch weiterhin einen festen Platz in meinem Leben haben, da wir unsere Gaben miteinander teilen.

Cecilia Freeman

Kommentar eines Arztes

Dieses Buch erzählt von einer Reise, die immer noch andauert. Die geschilderten Techniken sind keine Wundermittel und auch nicht für jedes Kind geeignet. Gehirnverletzungen lassen sich damit nicht heilen. Das Buch beschreibt eine Unterrichtsmethode, die in zwei Richtungen wirkt: Die Schüler lernen nicht nur von der Lehrerin, sondern diese lernt auch von ihren Schülern. Die meisten der in den Geschichten vorgestellten Kinder hätten bei konventionellen Therapien und Unterrichtstechniken keine großen Chancen. In der Vergangenheit wären viele von ihnen in Heimen untergebracht worden.

Ich habe persönlich erlebt, welche bemerkenswerten Fortschritte mehrere der in diesem Buch genannten Kinder gemacht haben. Für die Kinder ist es von entscheidender Bedeutung, eine Lehrerin mit so viel Energie, Phantasie und vielfältigen Fähigkeiten zu haben. Ich bin froh, daß sie es für richtig hielt, ihr Wissen aufzuschreiben, so daß auch andere davon profitieren können.

Dr. William D. Goldie, *Clinical Neurological Services,*
Camarillo (Kalifornien)

Nachwort von Paul Dennison

Im Laufe meiner pädagogischen Tätigkeit habe ich in den vergangenen dreißig Jahren viele hundert Lehrerinnen und Lehrer kennengelernt. Darunter waren Lehrer, die liebevoll und fürsorglich waren, andere, die selbstlos motivieren konnten, und wieder andere, die durch ihre Art zu regen Gesprächen inspirierten. Ich respektiere alle, die etwas von sich selbst geben, um die jüngere Generation auf ihrem Weg durch das Schulsystem zu unterstützen. Ich habe jedoch noch nie eine Lehrerpersönlichkeit kennengelernt mit so viel Mut, Herz und Kreativität wie Cecilia Freeman.

Brain-Gym® wurde einmal als eine Methode bezeichnet, mit der man auf eine andere Weise so etwas ausdrückt wie „Ich liebe dich". Mit meiner Frau Gail habe ich die Brain-Gym®-Übungen entwickelt, um sie in meinen Leselernzentren bei Schülern anzuwenden, für die das Lernen eine besondere Herausforderung bedeutete. Ich war überzeugt, daß diese Kinder intelligent und motiviert waren, aber einfach nicht wußten, wie sie sich konzentrieren sollten, und so fand ich heraus, daß Bewegung wahrhaftig das Tor zum Lernen für sie war. Ich arbeitete meist einzeln mit ihnen und entdeckte, daß bestimmte Brain-Gym®-Übungen sich jeweils bei bestimmten Problemen als hilfreich erwiesen: etwa um Informationen zu kodieren und zu dekodieren, um sie zu verstehen und zu organisieren.

Seither hat Brain-Gym® international Bedeutung erlangt, als Lernmethode für „durchschnittlich" Begabte und für besonders Begabte. In pädagogischen Kreisen wurde und wird die Methode als revolutionär angesehen. In meiner privaten Praxis hatte ich bisher kaum Gelegenheit, mit Menschen mit vielfältigen Behinderungen zu arbeiten, und ich hatte auch noch nie langfristig mit einer Sonderschulklasse zu tun. Cecilia Freeman hat Neuland betreten, indem sie Brain-Gym® in diesen Kreis von Menschen gebracht hat. Sie hat gezeigt, daß sie fähig ist, tagtäglich durch ihr Mitgefühl die Verbindung zu jedem Kind herzustellen. Cecilia kann spüren, was jedes Kind braucht, sie bewegt sich und kommuniziert mit jedem einzelnen, auf dem Weg über die Liebe. Das ist die Essenz von Brain-Gym®.

Cecilia fragte Gail und mich in den ersten Monaten oft: „Was soll ich mit einem Kind tun, das ...?" Und meist antworteten wir: „Du mußt sehen, was es kann, und von da aus weitergehen." Wir forderten sie auf, unsere Bewegungsübungen für diese spezielle Gruppe anzupassen. Cecilia nahm gewöhnlich die Haltung des jeweiligen Kindes an und zeigte uns dessen Bewegungsmuster, damit wir spüren konnten, was für die Entwicklung notwendig war. Oft konnten wir sagen, welche sensorische Fertigkeit das Kind zu lernen versuchte, und wir machten Vorschläge, wie das gefördert werden konnte.

Das war der Anfang von Cecilias Forschungsarbeit. Sie hielt uns wöchentlich auf dem laufenden über neue Herausforderungen und markante Entwicklungsschritte der Kinder. Wir fühlen uns bestätigt und ermutigt, wenn wir sehen, wieviel sie durch einige Minuten Brain-Gym® täglich mit jedem Kind erreicht hat. Ich habe einige dieser Kinder gesehen, und Gail und ich kennen alle ihre Geschichten. Wunder sind in der Tat das Ergebnis harter Arbeit und Entschlossenheit.

Ich glaube an Cecilia Freemans Weg. Ich bin glücklich, daß Gail und ich sie bei ihrer Aufgabe inspirieren konnten. Ich weiß, daß nur eine Lehrerin wie Cecilia unsere Konzepte, mit denen sie begann, so erfolgreich weiterentwickeln konnte.

Dr. Paul E. Dennison,
Mitbegründer der *Educational Kinesiology Foundation*

Literaturverzeichnis

AYRES, JEAN: *Sensory Integration and the Child,* Los Angeles: Western Psychological Services, 1979; in Deutsch erschien von dieser Autorin: *Bausteine der kindlichen Entwicklung. Die Bedeutung der Integration der Sinne für die Entwicklung des Kindes,* Berlin/Heidelberg: Springer, 1992

BALLINGER, ERICH: *The Learning Gym: Fun-to-Do Activities for Success at School,* Ventura, CA: Edu-Kinesthetics, 1996; dt.: *Lerngymnastik. Bewegungsübungen für mehr Erfolg in der Schule,* Wien: hpt, 1992

BATMANGHELIDJ, F.: *Your Body's Many Cries for Water,* Falls Church, VA: Global Health Solutions, 1993; dt.: *Wasser – die gesunde Lösung. Ein Umlernbuch,* Kirchzarten bei Freiburg: VAK, 6. Aufl. 1998

CHERRY, CLARE, DOUGLAS GODWIN UND JESSE STAPLES: *Is the Left Brain Always Right? A Guide to Whole-Brain Development,* Belmont, CA: Fearon Teacher Aids, 1989

CLARK, BARBARA: *Optimizing Learning,* Columbus, OH: Merrill, 1986

CHOPRA, DEEPAK: *Quantum Healing: Exploring the Frontiers of Mind/Body Medicine,* New York: Bantam Books, 1989; dt.: *Die heilende Kraft: Ayurveda, das altindische Wissen vom Leben und die modernen Naturwissenschaften,* Bergisch-Gladbach: Lübbe, 1990

CHRISTOPHER, WILLIAM, UND BARBARA CHRISTOPHER: *Mixed Blessings,* Nashville, TN: Abingdon Press, 1989

DELACATO, CARL H.: *The Diagnosis and Treatment of Speech and Reading Problems,* Garden City, NY: Doubleday, 1974; dt.: *Diagnose und Behandlung der Sprachstörungen und Lesestörungen,* Freiburg: Hyperion, 1970

DENNISON, PAUL E.: *Befreite Bahnen,* Kirchzarten bei Freiburg: VAK, 12. Aufl. 1999

DENNISON, PAUL E., UND GAIL E. DENNISON: *Brain-Gym®,* Kirchzarten bei Freiburg: VAK, 10. Auflage 1998

dies.: *Brain-Gym®-Lehrerhandbuch,* Kirchzarten bei Freiburg: VAK, 9. Auflage 1998

dies.: *EK für Kinder,* Kirchzarten bei Freiburg: VAK, 14. Auflage 1998

dies.: *Personalized whole brain integration,* Ventura, CA: Edu-Kinesthetics, 1986

DOMAN, GLENN: *How to Multiply Your Baby's Intelligence,* Garden City, NY: Doubleday, 1984; dt.: *Wie Sie die Intelligenz Ihres Babys vervielfachen,* Wien: Breitschopf, 1995

ders.: *What to Do About Your Brain-Injured Child,* Garden City, NY: Doubleday, 1974; dt.: *Was können Sie für Ihr hirnverletztes Kind tun?,* Freiburg: Hyperion, 1980

ERICKSON, JOAN: *Wisdom and the Senses: The Way of Creativity,* New York: Norton & Co., 1988

GARDNER, HOWARD: *Frames of Mind: The Theory of Multiple Intelligences,* New York: Basic Books, 1985; dt.: *Abschied vom IQ. Die Rahmentheorie der vielfachen Intelligenzen,* Stuttgart: Klett-Cotta, 1994

GRANDIN, TEMPLE, UND MARGARET SCARIANO: *Emergence: Labeled Autistic,* Novato, CA: Arena Press, 1986

HANNAFORD, CARLA: *Bewegung – das Tor zum Lernen,* Kirchzarten bei Freiburg: VAK, 2. Aufl. 1997

dies.: *Mit Auge und Ohr, mit Hand und Fuß. Gehirnorganisationsprofile erkennen und optimal nutzen,* Kirchzarten bei Freiburg: VAK, 2. Aufl. 1998

HARTMANN, THOM: *Attention Deficit Disorder: A different Perception,* Novato, CA: Underwood-Miller, 1993; dt.: *Eine andere Art, die Welt zu sehen. Das Aufmerksamkeits-Defizit-Syndrom,* Lübeck: Schmidt-Römhild, 1997

HINSLEY, SANDRA: *Brain Gym Surfer,* Stuart, FL: Hinsley & Conley, 1989

HOLT, JOHN: *How Children Learn,* New York: Pitman, 1969; dt.: *Wie kleine Kinder schlau werden. Selbständiges Lernen im Alltag,* Weinheim: Beltz, 2. Aufl. 1998

KAVNER, RICHARD S.: *Your Child's Vision: A Parent's Guide to Seeing, Growing, and Developing,* New York: Simon & Schuster, 1985

MCCRONE, JOHN: *The Ape That Spoke: Language and the Evolution of the Human Mind,* New York: Avon Books, 1991

PEARCE, JOSEPH CHILTON: *The Magical Child Matures,* New York: Dutton, 1985

PIAGET, JEAN: *The Grasp of Consciousness: Action and Concept in the Young Child,* Cambridge, MA: Harvard, 1976; von diesem Autor liegen in Deutsch zahlreiche Veröffentlichungen zur Entwicklung des Erkenntnisvermögens beim Kind vor, u.a.: *Der Aufbau der Wirklichkeit beim Kinde,* Stuttgart: Klett-Cotta, 1974

Thie, John F.: *Gesund durch Berühren – Touch for Health,* München: Hugendubel (Irisiana), 1995
Tortora, Gerard J., und Nicholas P. Anagnostakos: *Principles of Anatomy and Physiology,* New York: Harper, 1990
Watson, Linda R.: *Teaching Spontaneous Communication to Autistic and Developmentally Handicapped Children,* New York: Irvington, 1989
Williams, Linda Verlee: *Teaching for the Two-sided Mind: A Guide to Right Brain/Left Brain Education,* New York: Simon & Schuster, 1983

Zu den Quellen für das vorliegende Buch gehören auch die folgenden (deutschen) Seminarunterlagen von Paul und Gail Dennison (erhältlich nur für Kursteilnehmer beim IAK Freiburg, Tel. 0 76 61-98 71 0):
Edu-Kinestetik für Fortgeschrittene: Die sieben Dimensionen der Intelligenz; Creative Vision; Movement Reeducation; Visioncircles-Lehrerhandbuch.

Seminarunterlagen von Angelika Stiller und Renate Wennekes (Astrup 31, D-49434 Neuenkirchen-Vörden):
Sensorische Stimulation; Die motorische Entwicklung über die Mittellinie.

Über die Autorinnen

Cecilia K. Freeman ermöglichte sich ihre Ausbildung zur Sonderschullehrerin zunächst durch Arbeit als Sekretärin. Nach fünf Jahren Schulpraxis wandte sie sich zeitweise anderen Tätigkeiten zu: Sie arbeitete als Masseurin, baute Holzboote, richtete eine eigene Schule für gefährdete Jugendliche ein, gab Yogaunterricht, arbeitete als Altenpflegerin und in der Sterbebegleitung. Schließlich wurde sie wieder Klassenlehrerin an einer Ganztagssonderschule für schwerstbehinderte Kinder. Sie arbeitete ein Programm mit Bewegungsübungen aus, das sich an Lehrer wendet, die mit solchen Kindern arbeiten, sowie an betroffene Eltern. Zwei Jahre lang zeichnete sie ihre Unterrichtserfahrungen auf und faßte sie im vorliegenden Buch zusammen.

Gail E. Dennison, die zusammen mit Paul Dennison die Brain-Gym®-Übungen entwickelte, wirkte bei diesem Buch als Beraterin mit und steuerte die Zeichnungen bei.

Paul E. Dennison, Gail E. Dennison:

Brain-Gym® Lehrerhandbuch

Illustriert von Haralds Klavinius

Dieses Handbuch ist eine Arbeitshilfe für Lehrer, Erzieherinnen und Eltern, die Brain-Gym® an Kinder vermitteln wollen. Es erläutert die Ideen des Lernens mit dem ganzen Gehirn und des Lernens durch Bewegung. Zu jeder Übung gibt es detaillierte Anleitungen, Hintergrundwissen und Tips zur Anpassung an die individuellen Bedürfnisse.

9. Auflage 1998, 54 Seiten, 115 Abbildungen,
Spiralbindung, 21 x 29,2 cm,
34,– DM/31,50 sFr/248,– öS, ISBN 3-924077-70-3

Carla Hannaford:

Bewegung – das Tor zum Lernen

Körperliche Bewegung spielt von der Kindheit bis ins Alter eine Schlüsselrolle beim Entstehen von Nervenzellen und neuralen Netzwerken, die Voraussetzung für das Lernen sind. Teil I des Buches behandelt die Entwicklung des Gehirns und des Körpers im Hinblick auf Wahrnehmungen, Emotionen und Denken.

Teil II schildert, wie Bewegung zum Lernen führt, und stellt die Brain-Gym®-Übungen von Paul Dennison mit ihrem physiologischen Hintergrund vor. Teil III widmet sich dem Reduzieren von Streß sowie der Ernährung und anderen physischen Voraussetzungen für Lernen.

2. Auflage 1997, 278 Seiten, 43 Abbildungen,
Paperback, 15 x 21,5 cm,
39,80 DM/37,– sFr/291,– öS, ISBN 3-924077-93-2

Claudia Meyenburg (Hrsgin.):

Achter, X und über Kreuz

Edu-Kinestetik in Theorie und Praxis.
Die Sache mit dem X, Band 2

Das Buch versteht sich als Forum für Erfahrungsaustausch und Weiterentwicklung der pädagogischen Kinesiologie in Theorie und Praxis. Die 20 Autorinnen und Autoren der einzelnen Beiträge sind profilierte Vertreter (Praktiker und Wissenschaftler) der Edu-Kinestetik aus dem In- und Ausland. Lehrer und Dozenten in der Fortbildung finden hier interessantes Material für die eigene Arbeit und für die Diskussion mit Kollegen oder Eltern.

1996,312 Seiten, 50 zum Teil farbige Abbildungen,
Paperback, 15 x 21,5 cm,
42,– DM/39,– sFr/307,– öS, ISBN 3-924077-92-4

Nancy E. O'Dell, Patricia A. Cook:

Philipp zappelt jetzt nicht mehr

Hyperaktiven Kindern helfen

Hyperaktivität kann die Lernfähigkeit, das Selbstwertgefühl und die sozialen Beziehungen von Kindern und Erwachsenen sehr negativ beeinflussen. Auch für diejenigen, die täglich mit betroffenen Menschen arbeiten oder für sie sorgen, kann das sehr belastend sein.

Mit dem dargestellten Programm können Eltern und Lehrer betroffenen Kindern helfen, Hyperaktivität zu überwinden.

1998, 222 Seiten, 61 Fotos und Abbildungen,
Paperback, 15 x 21,5 cm,
36,– DM/33,– sFr/263,– öS, ISBN 3-932098-28-5

Charles T. Krebs, Jenny Brown:

Lernsprünge

Eine bahnbrechende Methode zur Integration des Gehirns

Dieses Buch eröffnet neue Zugänge zum menschlichen Gehirn. In der Einleitung schildert Charles Krebs, wie er seine körperliche Lähmung nach einem Tauchunfall überwand – mit Hilfe der Kinesiologie. Im Hauptteil bieten die Autoren eine fundierte Zusammenfassung des neuesten Standes der Gehirnforschung. Die abschließenden Kapitel beschreiben Selbsthilfeübungen bei leichteren Störungen der Gehirnintegration und das von Krebs entwickelte LEAP-Programm zum Sondieren und Beheben von Lern- und Teilleistungsstörungen (für professionelle Kinesiologieanwender).

2. Aufl. 1998, 303 Seiten, 66 Abb., Paperback, 18 x 24,5 cm,
39,80 DM/37,– sFr/291,– öS, ISBN 3-932098-04-8

*Das **IAK Institut für Angewandte Kinesiologie GmbH, Freiburg,** veranstaltet laufend Kurse in Touch For Health (Gesund durch Berühren), in Edu-Kinestetik, in Entwicklungskinesiologie und in vielen anderen Bereichen der Angewandten Kinesiologie. Dank enger persönlicher Kontakte zu den Pionieren der AK ist das Institut in der Lage, ständig die neuesten Entwicklungen auf diesem Gebiet zu präsentieren.*

Außerdem fördert das Institut die Verbreitung der Angewandten Kinesiologie im deutschsprachigen Raum durch Literaturempfehlungen und Adressenvermittlung.

Wer an der Arbeit des Instituts interessiert ist, kann kostenlose Unterlagen anfordern bei (bitte mit 3,– DM frankierten Rückumschlag beilegen):

IAK Institut für Angewandte Kinesiologie GmbH, Freiburg

Eschbachstraße 5, D-79199 Kirchzarten, Telefon 076 61-98 71 0, Telefax 076 61-98 71 49